川西玲子

戦時下の日本犬

蒼天社出版

目次

西暦・和暦早見表

大正一五年、昭和元年（一九二六年）
昭和二年（一九二七年）
昭和三年（一九二八年）
昭和四年（一九二九年）
昭和五年（一九三〇年）
昭和六年（一九三一年）
昭和七年（一九三二年）
昭和八年（一九三三年）
昭和九年（一九三四年）
昭和一〇年（一九三五年）
昭和一一年（一九三六年）
昭和一二年（一九三七年）
昭和一三年（一九三八年）
昭和一四年（一九三九年）
昭和一五年（一九四〇年）
昭和一六年（一九四一年）
昭和一七年（一九四二年）
昭和一八年（一九四三年）
昭和一九年（一九四四年）

昭和二〇年（一九四五年）
昭和二一年（一九四六年）
昭和二二年（一九四七年）
昭和二三年（一九四八年）
昭和二四年（一九四九年）
昭和二五年（一九五〇年）

序　章　犬を供出せよ

悲劇は戦争の足音と共にやってきた。満州事変、日中全面戦争に続き昭和一六（一九四一）年一二月八日、日本は太平洋戦争に突入したのである。当初は破竹の快進撃をしていたものの、翌年のミッドウェー海戦で戦局が暗転する。昭和一八年（一九四三年）になると日本軍はアッツ島で玉砕した。一方、国内では学徒動員も始まっていた。戦局の悪化と共に、「役に立たない犬を飼うのはぜいたくだ」「非国民だ」と批難されるようになって、次第に犬は飼いにくくなっていった。そしてついに、犬の供出を呼びかける回覧板が各戸に回ってくるようになったのである。そこには「犬もお国の役に立てましょう。進んで供出・献納しましょう。戦地では兵隊さんが命がけで戦っています。国民もお国の役に立つことをしましょう」といった文面が書かれていた。そこには犬を連れていく日にちも書かれていた。

二冊の児童文学――『犬やねこが消えた』と『マヤの一生』に描かれた犬の供出

◉犬を供出せよ

児童文学作家の井上こみちが、体験者の話を聞いて書いた『犬やねこが消えた　戦争に命をうばわれた動物たちの物語』（学研）の中に、犬の供出に関するシーンがあるので、その一部を簡約して紹介しておく。

東亜と名付けてかわいがっていた柴犬を供出する日、母親は、なけなしの米で作ったお萩をいっぱい食べさせた。静江が綱をつけて歩き始めると、東亜はいつものようにお散歩に行くと思ったのか喜んでついてくる。警察署の前に行くと、係官が名簿を見ながら待ち構えていた。そこで、静江は「東亜はど

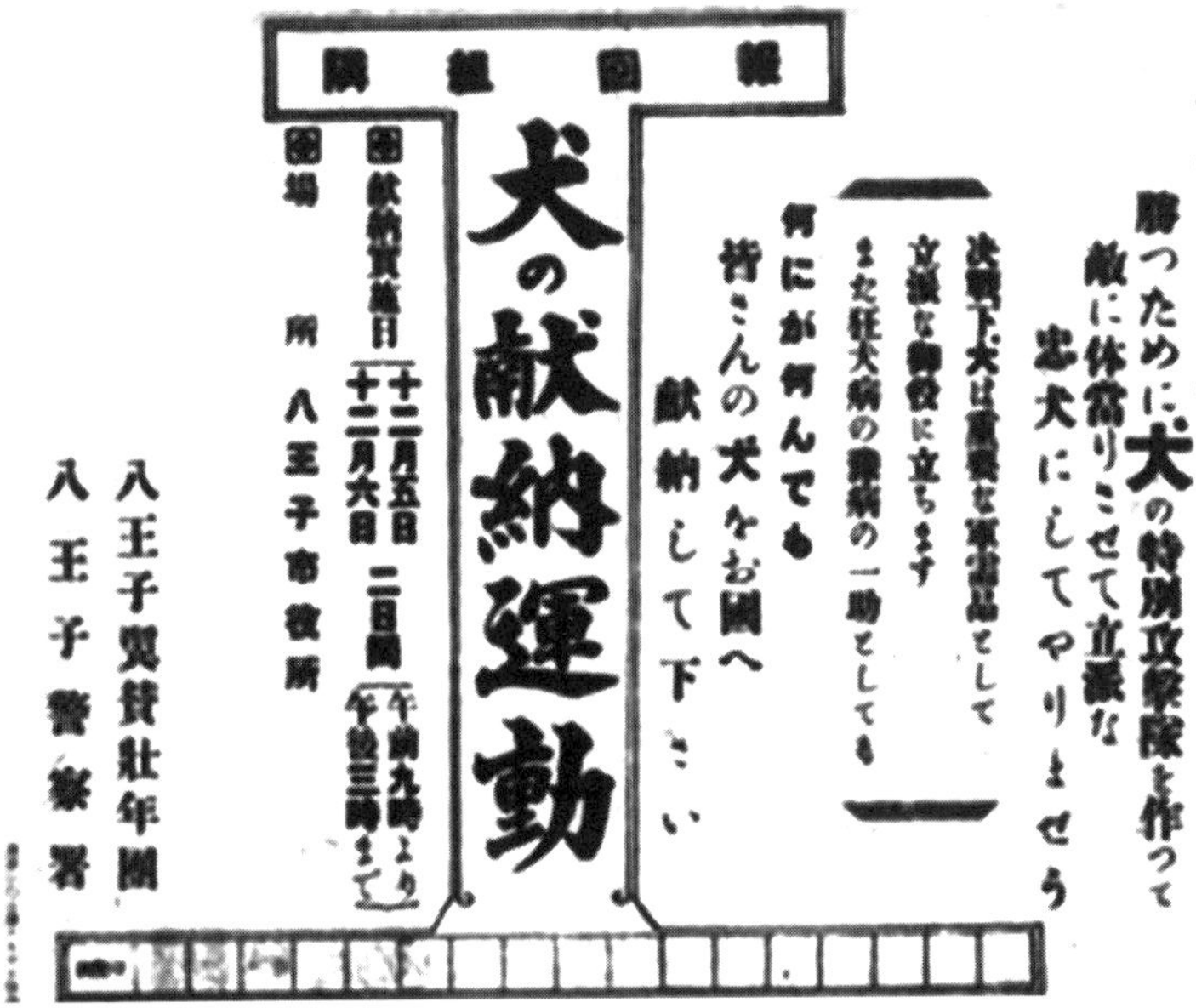

犬の供出を呼びかける八王子の回覧板

自治体ごとに出していた回覧板は戦災で消失するか、敗戦間際に国の指示で焼却されたため、ほとんど残っていない。この八王子の回覧板は昭和 58（1983）年 8 月、「どうぶつ反核署名の会」の若者たちが、東京都衛生局に写しが残っているのを発見したものである。
写真提供：八王子郷土資料館

うなるんですか」と聞いたが、係員に恐い顔で「そんなことは言う必要はない」と言い返されてしまった。その時、様子を見ていた警察官が、あっという間に東亜を摑まえて檻に入れてしまった。おなかがいっぱいの東亜には、遊びの延長のように思えたのかもしれない。最初は檻の中ではねまわっていたが、泣いている静江に気づくと、檻の中から顔を出して心配そうに吠えはじめた。

この辛い体験をした静江は『あの時の東亜の顔を、今も忘れることができません』とこの本の中で語っている。

◉「マヤは太い棒の一撃で息絶えた」

また、『片耳の大鹿』『大造じいさんとガ

ン』などで知られる作家の椋鳩十は、自分で飼っていた紀州犬マヤの悲しい最期を『マヤの一生』にまとめている。こちらも長くなるが、その一部を筆者が簡約して紹介する。

戦争が始まると椋が暮らしていた村からも、若者たちが死を覚悟したような造り笑顔を引きつらせて、出征していった。そしてある日、回覧板が回ってきたのである。「この食糧のとぼしい時に、犬など飼っているのは、ぜいたくだ。地区ごとに、それぞれ日にちをきめるから、飼い犬を、種畜場に広場に、つれてくるように」というものだ。しかし、椋は供出に応じなかった。そんな椋のところには、警察官や村の世話役、役人たちが次々に説得にやってきた。

やがて村で犬を飼っているのは椋の家だけになった。人々はマヤを憎むようになり、鬼のようになって供出を迫ってくる。マヤは天然記念物指定の日本犬だったが、もはやそんなことは関係ない。人々は椋が留守の時を狙ってやってきた。家族はそれを拒絶できなかった。せめて最後に、何か食べさせてやりたいという願いも聞き入れられなかった。結局、マヤを一人ぼっちで死なせたくないと考えた次男と三男が連れていくことになった。仲良しの次男と三男が綱を持っているので、マヤは安心し、散歩でも行く気分になっていたようであった。

しかし広場まで来ると、動物の勘で何かを感じたらしい。足を踏ん張って立ち止まり、人が近づいてくると跳ね上がって襲いかかろうとする。「コラ、縄をはなすな。しっかり持っておれ！」と怒鳴られて二人が必死で縄を握っていると、向こうから大男が太い棒を持ってやってくる。「その男をみると、マヤは、ほんとうに、ものすごい声で、うなりたてました。おそいかかろうと、マヤがパッと、跳び上がったとき、男は、目にもとまらぬはやさで、太い棒を、打ちおろしました（中略）キャン！　マヤは、それは、それは、悲しげな叫び声を上げたのでした」

目の前でマヤが撲殺されるのを見た少年二人は、帰宅すると熱を出し、何日も寝込んでしまったという。椋鳩十はこの物語の最後の部分を、現実とは違う結末にしている。それがまた悲しくて涙なくしては読めない。椋鳩十が「わたくしは、このマヤにささげる物語を書きたいと、長いこと考えていました。今、ようやく、その願いを果たすことができました」と心のうちを語ったのは、戦争が終わってから実に二〇年がたってのことであった。椋と同じような辛い思いをした人たちが、全国にはたくさんいたと思われる。

◉殺す側にいた人々

では供出を迫り、犬を撲殺したのはどんな人達であったのか。彼らは根っから鬼のような人間であったのか。井上こみちの『犬やねこが消えた』には、犬を殺す側にいた人の貴重な証言もある。著者の井上が供出に関わった証言者を捜していたところ、それを人づてに聞いたという元警察官が訪ねてきた。仮名で飯島という元警察官は都内の派出所に勤務していて、犬を殺す現場に立ち会っていた。犬を角材や丸太で殴るのは剣道の達人だ。飯島は犬を一頭ずつ檻から出して、その場に連れてくる役目をしていた。

その場面の一部を筆者が簡約して紹介する。

必死に抵抗する犬を、血のにおいのたちこめる場所に連れていくのは、簡単なことではなかった。「わたしには無理です。こんなことは、できません！」と飯島はすぐに弱音を吐いた。すると、『犬を苦しめずに一撃でしとめるのが、どれだけ大変なことか、わからないのか』と怒鳴りかえされた。

　そんな辛い体験を語りながら飯島はぽつりと言った。「なぜ、犬を殺さなければならなかったのか、なぜあんなことをしたのか。いまだにその意味がわからないのです。このことは家族にも話していません。でも、こんなばかげたことをやってしまうのが戦争なんだということは、誰かに話しておきたかったのです」。

　そう語ると飯島は、もっと詳しく話してほしいという井上に「これが精一杯です。もう勘弁してください」と言って去っていった。

会報『日本犬』
第10巻6号（昭和16年6月）に掲載された口絵写真。「国粋保存」の揮毫は米内光政の手になるもの。米内は連合艦隊司令長官、海軍大臣を務め、昭和15年には首相に就任。敗戦時は海軍大臣であったが、日米開戦に反対したために戦犯容疑には問われなかった。
出所：第10巻6号（昭和16年6月）

◉天然記念物の肩書きも無意味に

銃後の犬たちは戦争末期、供出の名のもとに集められ次々に殺処分されていった。犬が実際には何頭供出されたのか、正確な数字はわからない。資料の多くが空襲で焼けてしまったし、役所などに残されていた書類も、敗戦直前の焼却命令で多くが処分されてしまったからだ。関係者は口を閉ざし、後は断片的な体験が残っているだけである。それも時間の経過と共に歴史の彼方に消えようとしている。

大正時代から日本犬一筋に生きてきた若勇清は『愛犬の友』で、戦争を回顧し、「勝つためには、すべてをギセイにすることは戦争の手段だ。天然記念物という貴重であるべきレッテルも、蚤のクソほどの価値もなくなって、強制捕獲されては防寒外套の裏毛や、食肉に供されてしまった。お手上げをして戦が終わった時には、日本人は栄養失調ながら生き残れたが、日本犬は虎のように死して皮だけ残してしまった」(若勇清『愛犬の友』昭和四〇年一二月号)と、嘆いている。

若勇清が嘆くのも無理はない。貴重な日本犬は本来、天然記念物として保護されるはずであった。明治維新以降、減少の一途をたどっていた日本犬は、昭和の初めに天然記念物に指定され、かろうじて絶滅をまぬがれたばかりであった。まだ数も少なく不安定で、関係者が私財と情熱を傾け、人生を賭けた保存活動に取り組んでいる最中であったのである。

そもそも、供出を求める正式な通牒が出たのは昭和一九年(一九四四年)一二月のことであり、天然記念物指定の日本犬は除かれることになっていた。それが「蚤のクソほどの価値もなくなって」一顧だにされず、日本犬は再び絶滅の危機に瀕したのである。どうしてこういうことになってしまったのか。そこに到るまでには、時代に翻弄された人間と犬たちが織りなす、まるで小説のような数々のドラマがあった。

第一章　忍び寄る暗雲の下で　日本犬保存活動始まる

東郷平八郎の猟写真

日露戦争時に連合艦隊司令長官だった東郷平八郎大将が、明治39年12月10日、天城御料地で猟をした時の記念写真。最前列中央やや左が東郷大将。四頭いる犬のうち三頭は耳垂れ、一頭は半立ちで、猟が洋犬に席巻されている状況がわかる。

出所：『日本犬』6巻1号（昭和12年1月）

私たちは今日、当たり前のように日本犬という言葉を使っている。しかし、この言葉が正式に登場したのは、昭和三年（一九二八年）に日本犬保存会（略称・日保）が設立され、本格的な保存活動が始まってからのことである。日本犬はこの時に初めて、洋犬と対等な対概念として誕生した。

縄文以来、日本列島で人間と暮らしてきた犬たちは明治維新を迎えるまで、洋犬との交配もなければ、人間の手によって改良されることもなく、古来の姿をほぼ保ってきた。日本の犬は、様々な災難にはあったが、それでも常にそこにいるものとして人間と緩く共存していた。

しかし、明治維新を迎えると洋犬が流入し、日本の犬たちを取り巻く環境は激変する。洋犬は居留地のあった横浜から次々に入ってきて、まず上流層に受け入れられ、次第に一般に広まっていった。当時は放し飼いであったこと

昭和３年（1928年）にはこんな出来事が

パリ不戦条約締結
張作霖爆殺事件
初の普通選挙実施
特別高等警察新設
三・一五事件 / 共産党員一斉検挙
日本シェパード倶楽部設立
陸軍歩兵学校が初の軍犬訓練マニュアルを発刊
日本会保存会創立
群馬県で犬の埴輪発見
斎藤弘吉が十石号を引き出す

もあり、両者はどんどん混血した。そして日本でずっと主流であった立ち耳巻き尾（または差し尾）の犬たちは、あっという間に町や村から姿を消していったのである。

大正時代、第一次大戦後の好景気もあって畜犬業界は大いに湧き、初の総合愛犬雑誌も登場した。しかし、それも洋犬に限っての話である。大正九年（一九二〇年）、東京帝国大学教授の渡瀬庄三郎博士が天然記念物指定調査のために秋田県を訪れた時、集められた一八頭の犬に、もはや日本の犬の面影はなく、耳も立っていなかった。渡瀬博士は「秋田の犬はこんなものか」と失望し、天然記念物指定の話も立ち消えになってしまった。秋田は闘犬の盛んな土地柄で、強い闘犬を作るために大正時代、土佐闘犬や大型洋犬の血をどんどん入れたのである。その結果、日本の犬とは思えない外観に変わっていた。

その状況に胸を痛めた秋田県大館町長の泉茂家が大正末期、一人で秋田犬保存会を旗揚げした。しかし、特に活動実態もなく、名前だけの会でしかなかった。しかも一度入った洋犬の血はなかなか抜けなかったのである。ちなみに大正九年

自宅に日本犬保存会の看板を掲げた斉藤弘吉
出所：初出不明

（一九二〇年）は、第一次大戦の事後処理を決めるパリ講和会議が開かれ、朝鮮で独立を求める三・一独立運動が起こり、二ヶ月後には抗日ナショナリズムの台頭により、北京で五・四運動が起こった翌年である。その前年には日本でも、シベリア出兵を起因とする米騒動が起こっていた。

◉斉藤弘吉、日本犬保存会を旗揚げ

そして昭和に入った頃、日本の犬が絶滅の危機に瀕していることを知った斎藤弘吉が秋田犬を求めて大館を訪れ、泉茂家町長と会って話を聞いたのである。そして保存活動に乗り出すことを決意する。斎藤は山形県鶴岡市の裕福な呉服商の家に生まれた芸大出の造園家であった。国立近代美術館にある「泛觴曲水の庭」など、本業でも業績を残している。

その斎藤であるが、体を壊して療養中に、散歩の友として犬を飼うことを思いついた。そして書

昭和4年（1929年）にはこんな出来事が

ウォール街発の世界恐慌始まる
張作霖爆殺事件の責任を取って、田中内閣総辞職
労農党代議士山本宣治暗殺
後に甲斐犬愛護会初代会長になる安達検事、甲府に赴任して虎毛犬を発見

昭和5年（1930年）にはこんな出来事が

ロンドン軍縮会議調印
浜口首相、東京駅で襲撃される

店で犬に関する本を色々見て、秋田犬にしようと決めた。理由は姿形が、昔の絵巻物に出てくる犬によく似ていたからである。

　斎藤は大学で美術を学んでいた時から、日本画や昔の絵巻物に出てくる犬に心を惹かれていた。しかし、東京中の畜犬業者を回っても秋田犬は見つからない。のみならず、「今どき秋田犬なんて買う人はいませんよ」とまで言われる始末であった。しかし斎藤は、秋田犬を飼いたいという気持ちを捨てきれなかった。そこで当時、共進会と呼ばれていた犬の展覧会に出かけ、日本資本主義の父と呼ばれる渋沢栄一の子息が飼っている秋田犬を見つけた。そして仔犬をもらおうとしたが、犬が急死して願いは叶わなかった。

　そこで図書館で色々と調べ、東京帝国大学の渡瀬庄三郎博士が在来犬の保存を主張していることを知ったのである。斎藤は渡瀬博士を訪ね、保存活動開始への決意を語った。しかし渡瀬博士は指定犬調査のために大館を訪れ、変貌してしまった秋田犬を見て失望した経験から、保存活動には懐疑的であった。だから相談を受けても「国家が行なうのでなければとても無理だ」と渡瀬は答えている。しかし、斎藤はひるまず、大館へ犬探し

昭和6年（1931年）にはこんな出来事が

満州事変
陸軍桜会によるクーデター未遂事件が次々に発覚
軍犬の那智・金剛・メリーが満州事変で戦死
秋田犬、天然記念物に指定

に赴いた。そして、泉町長との出会いによって決意を固めたのである。

斎藤は昭和三年（一九二八年）、自宅を事務所にして日本犬保存会を立ち上げ、資金と生活の全てを注ぎ込んだ。そして、当時の主流メディアであった新聞や雑誌に投稿を繰り返し、人々の関心を喚起するべく尽力した。こうした努力の甲斐あって次第に犬についての情報も集まり、一年で会員が一二〇人ほどになったのである。そこで、組織を整備し、三円の会費も徴収することにした。

◉日本犬保存会に集った人々

日本犬保存会の理事長には、文部省の委員会で渡瀬庄三郎博士の後任となり、天然記念物指定に力を持っていた鏑木外岐雄博士に就任を依頼した。会報『日本犬』一巻二号には、創立時の会員名簿が掲載されている。後に会長を務めるフィラリア研究の先駆者・板垣四郎博士、甲斐犬愛護会の安達太助検事と甲府動物園長の小林承吉、在野の動物研究者・平岩米吉、秋田犬保存会の泉茂家や京野右兵衛門といった重要人物が並んでいる。

その他に、日本シェパード倶楽部から理事の中島基熊や中根栄も参加していた。中根は日本電信通信社、今の電通の新聞通信部門編集長で、盲導犬の命名者でもあった。他には新宿中村屋初代社長の相馬愛蔵や、渋沢栄一の息子・渋沢篤二の名もある。当時、外地と呼ばれた日本統治地域からも、京城帝国大学の森為三が参加していた。森は、後に珍島犬の保護を試みる人物である。また、民俗学者の柳田国男や衆議院議員の猪野毛利栄《いのけとしえ》もいる。

一方、明らかに国粋主義的傾向のある人物としては、『國民新聞』を主催していた作家の徳富蘇峰と政治家の中野正剛がいる。徳富は、明治から昭和にかけて活躍した有数のジャーナリストである。ほぼ一世紀を生き抜き、太平洋戦争開戦の詔勅にも関与し、大日本言論報国会会長として戦争推進の旗を振った。中野正剛は衆議院議員を八期務め、日独伊三国同盟を支持して大政翼賛会の幹部にもなったが、東条英機と対立して割腹自殺している。

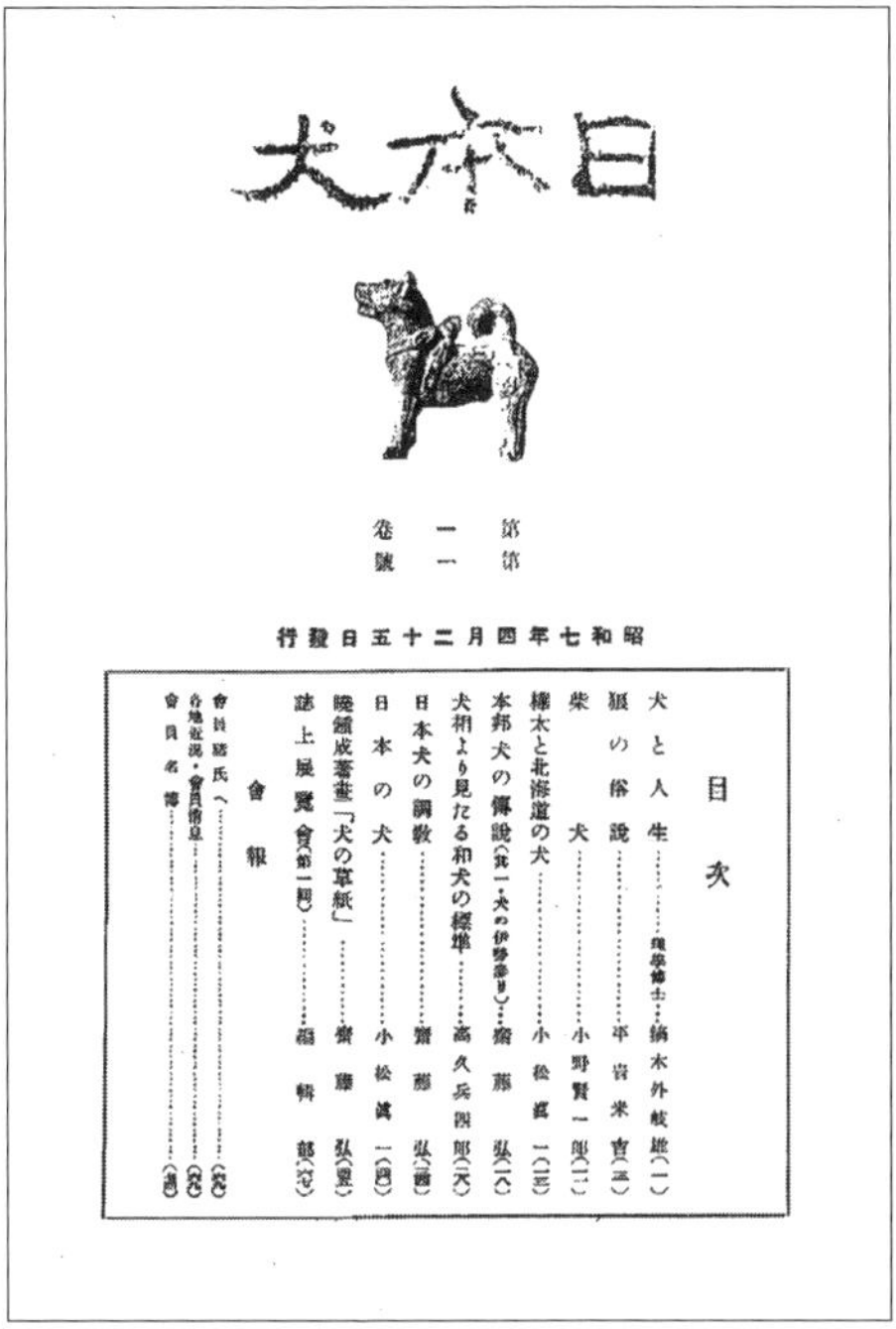

会報『日本犬』表紙
出所：会報『日本犬』１巻１号、昭和７年４月25日

軍人もいる。小磯国昭と南次郎である。小磯は関東軍参謀長、朝鮮軍司令官、朝鮮総督を経て敗戦間際に内閣総理大臣となった。東京裁判でA級戦犯として訴追され、服役中に病死している。南は満州事変時の陸軍大臣で、後に関東軍司令官、朝鮮総督を務め、やはりA級戦犯となった。南も仮出獄の後に死去している。

◉東日本第一の秘境「三面村《みおもてむら》見聞記」

昭和七年（一九三二年）には会報『日本犬』の発行を始め、銀座松屋の屋上で第一回の展覧会も開いた。ハチも招待犬として参加し、展覧会は大好評であった。そんな中でも斎藤弘吉は全国各地を回り、犬探しの調査を続けている。今からは想像できないほど交通の便が悪く、しかも日本犬は山奥にしか生き残っていなかったから、調査行は困難を極めた。例えば、昭和六年（一九三一年）に行なった東日本第一の秘境と言われる三面《みおもて》村の調査行である（「三面村見聞記」『日本犬』一巻二号、昭和七年九月）。

三面村とは当時、新潟県岩船郡にあった三面村字三面のことである。新潟県と山形県との県境にまたがる朝日連峰の山岳地帯に、長く孤立してきた部落である。昭和の初めになっても、付近の村から三面に来る人間はいなかった。郵便物も昭和の初めまでは、配達は一ヶ月に一度であったが、その頃やっと五日に一度ぐらいになり、三面村から布部まで取りに行っていた。しかしこれも気候がいい時だけである。斎藤が三面村で撮った写真を、泊めてくれた家の人に一一月の半ば頃に送ったら、翌年の一月半ば頃に返事が来たほどである。

三面村に行くのは大変であった。斎藤は冬用の登山服を着て、農林省の醸造技師であった理事の小松真一と昭和六年（一九三一年）一一月の夜、上野を夜行で出発した。翌日の早朝に米沢に到着、そこから手の子駅に向かい、そこから車で二時間走り、小国村に着いたのが午後一時である。さらに小型車に乗り換えて北上、道が続く限り走って栃倉に着いた。そこから荒川に沿って徒歩でまた北に向かい、午後三時頃に長沢村に入った。学校を訪問すると知り合いが教員をしていたので、そこで一泊し、翌朝、ちょうどなめ茸を売りに来ていた男性が三面村に帰るというので、道案内を頼んだ。

◉会員たちの努力と情熱

三面村へは尾根の急坂を上り、渓谷を渡り、原生林の中を歩くのである。朝日連峰はすでに雪を頂いて白く、多くの自然倒木が道をふさいでいた。そして午後二時頃、三面川の吊り橋を渡って村に到着した。斉藤弘吉と小松真一は村の中心人物である高橋源蔵の自宅に世話になった。高橋は三面村きってのインテリで、槍を使った熊猟の名人であり、日露戦争にも出征した人物であった。

しかし、この秘境・三面村まで来ても、古来の面影を残した犬はいなかった。犬は一応、十数頭いた。しかし一〇年ぐらい前に、ある男が村上の町から耳の垂れた犬を珍しがって連れてきたそうで、その血が入ったからである。見た犬のうち二頭は立ち耳ではあったが、その耳は非常に大きく目も突き出ていて、洋犬に近い顔貌であった。近くの小国村には犬自体がいなかった。三年前、ある巡査が畜犬令を忠実に守り、未登録の犬たちを残らず撲殺してしまったからである。当時の農村は現金収入が少なくて貧しく、畜犬登録料を払えない者が多かった。なお、三面村は戦後の昭和二八年（一九五三年）、三面ダムの完成によって消滅した。

斉藤だけではない。他の会員たちも大変な努力をして犬を探し歩いたのである。「交通の不便な山間を参謀本部の地図をたよりに徒歩と車と自動車で、弁当持ちで一つの谷間に数度行っても、野放しに近い犬故《ゆえ》目的を達することの出来ない場合さえあった」（「山陰小型犬」『日本犬大観』誠文堂新光社）とは、山陰柴犬の保存活動を支えた尾崎益三の回顧である。

なぜ彼らは、ここまでできたのであろうか。当時まだ東京帝国大学の学生で、師の板垣四郎博士と共に日本におけるフィラリア研究を担うことになる久米清治は、「惜しむべし、天下の名犬を地方の一都市に朽ち果てさせ何ら日本犬の改良に貢献すること無かりしは、今回真の優物の寥々たり和犬界に取って非常なる損失と云わねばならぬ。私の種々困難と闘いつつ各地を踏破抜渉するは、実にかくの如き一代の名犬を得て優秀和犬の保存に微力を捧げんが為である」(「山県、福島県境調査記」『日本犬』三巻三号、昭和九年三月)と書いている。それはただただ、後世にいい日本犬を残したいという情熱であった。

◉次々に天然記念物に指定

調査行はこのように困難を極めたが、その地道な活動が実を結び、各地で日本犬保存活動が動き始めた。そして、満州事変が起こった昭和六年(一九三一年)には、秋田犬が初めて天然記念物の指定を受けることができたのである。鏑木外岐雄博士が指定のために大館を訪れた時、泉茂家町長宅は指定候補犬の他、闘犬まで集まってきて大騒ぎであったという。指定犬第一号は泉町長の金号であった。続いて昭和九年(一九三四年)に甲斐犬、紀州犬、越の犬が、昭和一一年(一九三六年)に柴犬が、その翌年には四国犬と北海道犬が天然記念物の指定を受けることができた。

秋田犬は昔から東北に生息してきた犬であった。しかし明治時代に、外国人技師が小坂銅山に連れてきた洋犬の血が入った。その後も、北海道に出かせぎに行った人間が連れて帰った樺太犬の血が入っている。大正時代には、闘犬用に改良されて別物のようになっていた。秋田の犬がどういう風貌であったのか忘れられたため、泉町長が飼っていた栃一号を土俵に上げて、「これが本当の秋田犬です」と紹介しなければならないほどであった。天然記念物に指定されたお陰で、やっと本格的な復元活動が始まったのである。なかには「保存というより作り直し。昭和に生まれた新日本犬」という声もあるが、そうしなければ絶滅であった。

甲斐犬は、甲斐地方の山深い環境に守られて雑化を免れてきた。甲斐虎と呼ばれる、森林の中で育まれた独特の美しい虎毛模様が特徴である。江戸時代の古文書にも、甲斐地方には良い犬がいると書かれている。

また、紀州犬は熊野地方を源流とし、紀伊山地に生息してきた優秀な猟犬である。今は白が多いがかつては有色犬が多く、灰粕色と呼ばれる美しい色の犬もいた。越の犬は北陸の犬であり、間もなく絶滅して指定を取り消されてしまった。

柴犬は各地に残存していた小型をまとめたものである。そのため、柴犬だけが産地の名前を冠していない。日本犬保存活動最大の成果でもあると共に、惜しくも産地色を失ってしまった例でもある。四国犬は狼に似た精悍な風貌である。高知は闘犬が盛んで、大正時代には遠征して秋田犬を圧倒している。そんな闘犬熱に押され、絶滅しかかっていたところで保存活動が始まった。土佐闘犬と区別するために四国犬という呼称になった。北海道犬はアイヌ犬と呼ばれていたが、差別を避けたいというアイヌの人々自身の希望で、他種と同じように地名をつけることになった。

◉日本主義の高まり

このような国の支援を受けられた背景にあったのが、日本主義の高まりである。開国以来、日本は西洋近代に追いつくため、必死に努力してきた。先進的な西洋文明を取り入れることは、開化的な人間である証明であった。洋犬至上主義もその一環である。一方、そうした風潮に対する反感や、日本の伝統を大切にしようという流れも常に存在していた。その二つがせめぎあってきたのが、近代日本の精神史である。近代日本は常に土着性と西洋志向との間を揺れ動いてきた。

大正時代は西洋的な都市文化が花開いた時代である。上からの近代化が一定程度成功し、二度の戦争における勝利と第一次大戦による特需に支えられ、地方にも文化人が登場した。『大正＝歴史の踊り場とは何か現代の起点を探る』（鷲田清一編、講談社選書メチエ）という、今からは想像しにくい大正時代の複雑な世相を解説していて参考になる本がある。

しかし、関東大震災が大正デモクラシーを終わらせると、反動のように日本主義の時代がやってきた。もともとその華やかなイメージの反面、大正時代は軍需拡大の時代でもあった。終わりに近い大正一四年（一九二五年）には、普通選挙法と抱き合わせで治安維持法が公布されている。ハイカラがもてはやされた大正時代は、実は危ういバランスの上に成り立っていた。そして日本主義は一部で国家主義と重なりつつ、日本文化見直し機運をもたらしたのである。

イギリス留学を経験した夏目漱石は『三四郎』（明治四一年）の中で、日本人の容姿について髭の紳士に「どうも西洋人は美くしいですね」「お互憐れだなぁ」「こんな顔をして、こんなに弱っていては、いくら日露戦争に勝って、一等国になっても駄目ですね。尤も建物を見ても、庭園を観ても、いずれも顔相応の所だが」と語らせている。非常に自虐的な自画像である。しかし、斎藤弘吉らは違う価値観を持っていた。立ち耳巻き尾（差し尾）の在来犬こそ日本犬だとする主張には、それを美しいとみなす哲学がある。狆《ちん》のように膝上に乗る愛玩犬ではなく、西洋の貴婦人に似あうような美しい巻き髪を持った洋犬でもなく、すっと足が長い西洋的な猟犬でもない。

◉日本美の再発見

日本犬は無愛想でも素朴で、地味でも凛々しくて、不器用でも生真面目である。日本の気候風土の中で育まれた自然な色と、無駄がなく均整の取れた程よい体にこそ、日本の美がある。日本犬を評価するということは、日本人が見下して捨て去ったみずからの在り方を見直そうということでもある。日本犬保存会は日本人の理想を犬に託した。昭和九年（一九三四年）に制定された日本犬標準は「本質とその表現　悍威に富み良性にして素朴の感あり」という言葉で始まっている。

同じ頃、ナチに追われて日本にやってきたドイツ人建築家ブルーノ・タウトも、伊勢神宮や桂離宮に日本美の本質としての「簡素、明確、清純」を見出し、『日本美の再発見』という本を書いている。そして、「数寄屋造りの持つ近代性」に言及した。日本美の中に近代性を見るのは、日本犬保存会と重なる美意識である。日本犬はただ古いから価値があるのではなく、その中に現代に通じる近代性や普遍性を孕んでいる。そう確信したところに、日本犬保存活動の慧眼と先見性があった。また、それが日本犬保存活動に、日本美の保存のみならず、絶えざる自己革新が必要とされるゆえんでもある。

以後、日本犬について語ることは、日本人について語ることとほぼ同義になった。私たちは無意識のうちに、日本犬に自分たちの姿を仮託して、日本とは何かを語っているのである。しかし、日本主義が危うさをも秘めていたのも事実である。それに便乗して洋犬をこきおろす、日本犬原理主義者も登場してきた。これも違う意味で、日本犬保存運動の障害となった。日本犬原理主義、内部の意見調整、一儲けしようと集まってくる業者、そして戦争の足音など、日本犬保存活動の前には幾重もの障害が立ちはだかった。中でも戦争は、日本犬を再び絶滅の危機に追い込んだのである。

◉純血を守るということ

日本犬の保存活動とは、純粋な日本犬の血を維持していくということである。しかし血は本当につながる

昭和7年（1932年）にはこんな出来事が

第一次上海事変　満州国成立

「一人一殺主義」を掲げる血盟団による暗殺事件相次ぐ

五・一五事件犬飼首相が暗殺されて政党政治が終わる

帝国軍用犬協会発足

日本犬保存会第一回展覧会

ハチ公の記事が『朝日新聞』に掲載、絵はがき発売

ものなのであろうか。血統を守ることは科学的には難しいし、本当にいい事なのかどうかという懐疑的な意見もある。

京都外国語大学非常勤講師の志村真幸は、『日本犬の誕生』（勉誠出版）に「純血と選別の日本近代史」という副題をつけ、序章に「日本犬の純血種は排除の論理によって作出された」と書いている。そして天然記念物指定の経緯を含めて、狆や日本テリアを入れなかった保存活動全般を批判している。また、日本犬の歴史については、斎藤弘吉や平岩米吉を始めとする保存関係者によって書かれたものでしかないとして、客観性の欠如も指摘している。これは研究者として当然の姿勢である。しかし、研究することと実際に犬を飼うことの間には大きな乖離があり、客観性だけでは説明できないこともある。したがって、本書は客観性を念頭に置きながらも、少し違う視点に立っている。

人間も動物も、自然の流れに任せれば血は混じる。混じった方が優良な個体が生まれるという面もある。狼やハイエナとも暮らした在野の研究者である平岩米吉は、初めて犬を飼う人に「雑種がいいでしょう。あれらは身体が丈夫だから」と助言した。犬種を固定化すると、特有の弱さや病気を抱えることがある。血が混じるのは悪いことではない。その結果、自然淘汰されて種が消えるのは仕方がないという考えもある。

世界地圖を塗り變へて
けふ長春で建國式!
宣統帝を迎へ「執政」に推戴
平和境滿洲國の礎成る

溥氏晴れの長春入り
驛頭にわく群衆の歡呼

歡迎の民衆渦巻き
新國歌に踊り狂ふ
その日の新國都長春

執政就任式
盛典の順序發表

湯崗子出發の溥儀氏夫妻

満州国建国式典の様子
出所：『東京朝日新聞』昭和７年３月９日付朝刊の一面

上野英三郎博士にハチが飛びついている銅像が、東京大学農学部キャンパスに建った際に刊行された『東大ハチ公物語』（東京大学出版会）で、同大学院教授の正木晴彦がこの問題を提起している。正木は「イヌと人のつながり」というエピローグでこう書いている。病気のことを考えると、純血種にこだわることの罪は小さくない。純血種であることはもちろん犬が望んだことではなく、純粋に人間の勝手である。

◉人間と犬の関係は後戻りできない

犬に純血種を求める現状を人間に置き換えれば、みんなで近親交配と人種差別を推進しているようなものである。差別は言い過ぎかもしれないが、強烈な区別である。対象が人間なら、優生思想を想起させて問題になるはずである。しかし犬が対象なら見過ごされる。

日本犬の保護には実際、かなり無理な近親交配も行なわれてきたし、その過程で不必要と思われる犬は淘汰されてきた。それを擁護するには、犬は人間が作り出した動物であり、人間との関係においてしか存在しえないという反論しかできない。もはや人間と犬は後戻りできない関係にある。人間は犬に対して責任を持たなくてはならず、犬を自然のままに放置することはできない。

自身愛犬家である正木晴彦も、「イヌやネコは、ヒトの希望に従ってこの世に現れ、いまもヒトを補完するような形で繁栄を見せている。それも自然のひとつのありかたなのだろう」「多品種の純血志向は、結果的にはイヌの多様性を広げとどめる働きをしているのかもしれない」と述べている。犬がここまで人間と深い関わりを持ってきた以上、こういう結論しか出てこないのである。

もし、日本犬保存活動が誕生しなければ、「桃太郎」や「花咲か爺さん」に出てくるような日本の犬は、もはや絵本でしか見られない伝説的存在になっていたであろう。世界の畜犬文化をリードしているイギリスは、一九世紀に過剰なまでの改良と品種固定を行ない、犬をそれまでとは全く違う外観に変えた。

◉日本犬保存活動の先見性

日本犬保存活動は、古来の犬の本質と外観が変わらないように固定を行なうという、当時としては世界的にも珍しい活動だったのである。少なくとも私が調べた限りでは、この時代にこれだけの規模と人員を集め、組織的に在来犬の保存活動をした例は少ない。

それは今世界的な課題となっている、在来種の保護と生物多様性の保持につながる発想であった。これは産業革命以降の世界を主導してきた西洋近代が、試行錯誤の末にたどり着いた地平である。それを先取りする形で取り組んだのである。

近代化の中で消えかかっていた在来種に目を留めたところに、日本犬保存活動の先見性があった。グローバル化の時代だからこそ、在来種の存在意義は大きい。在来種というのは文字通り「在り来たり」の種ということである。在来種は、例えば植物では改良された品種より収穫量が少なく、見栄えも良くないことが多い。在来作物に注目している静岡大学大学院教授の稲垣栄洋は、「効率化や均一化の時代の波に乗れなかった在来作物は、非効率であることや多様であることの豊かさを私たちに教えてくれるような気がします」（『東京新聞』二〇一五年五月一九日付夕刊）と述べている。様々な問題や欠点があったとはいえ、日本犬保存活動は先駆的な活動であったと言えるであろう。しかもそれを、今から九〇年前に民間の力で始めたのである。これは驚くべきことではなかろうか。

帝国軍用犬協会名誉総裁、久邇宮朝融王《くにのみやあさあきらおう》

久邇宮朝融王は海軍の軍人でもあった。大のシェパード好きで、今は聖心女子大学になっている広尾の広大な屋敷で飼っていた。昭和天皇と結婚した良子女王の兄である。

出所:『軍用犬』11 巻 12 号（昭和 17 年 5 月 17 日）

◉帝国軍用犬協会、発足

こうして日本犬が産地の名を冠して、次々に天然記念物の指定を受けていった頃、日本は昭和の戦争に向かって進んでいた。昭和七年（一九三二年）には軍用犬の飼育団体である帝国軍用犬協会（略称・帝犬）が発足している。ハチ公像ができる二年前のことである。軍用犬の必要性は高まっていたが、犬を一から育てるのは大変である。陸軍にはそんな余裕

帝国軍用犬協会の機関誌『軍用犬』の表紙
日中全面戦争前はこういう強面の表紙ばかりではなく、柔らかい印象のイラストなどもあった。
出所：『軍用犬』２巻８号（昭和８年８月）

も経験の蓄積もなかった。

従って、日本犬保存会と同じ昭和三年（一九二八年）に創立された日本シェパード倶楽部（ＮＳＣ）を土台に新組織をつくることが、最も手っ取り早かったのである。何より合併しなければ、帝犬は登録情報も飼育法の蓄積も入手できない。時流を反映し、日本シェパード倶楽部理事の中からも陸軍に呼応する者が現れた。このあたりの事情は今川勲著『犬の現代史』（現代書館）に詳しい。

結局、最後は陸軍大臣から呼び出し状が来て直々に話があり、日本シェパード倶楽部は全ての財産を引き渡して解散した。『ＪＳＶ60年史』（日本シェパード犬登録協会）における中島の記述によれば、「軍の名を借りて圧力をかけＮＳＣを強引に合併ではなく併呑」したのであった。幹部を理事にしてもらいたいという願いも聞き入れられなかった。帝犬が掲げたスローガンは「軍犬報国」である。

会員数は四〇七人で東海、阪神、京都、四国、九州、そして朝鮮と青島を加えた七支部体制であった。帝犬は軍用犬の育成団体である。会員は軍用犬適合種の犬を飼育して訓練し、購買会に出す。そこで陸軍が買い上げると軍犬になるのである。軍用犬適合種はジャーマンシェパード、ドーベルマン、エアデールテリアの三種であった。発会式は一二月一七日、東京会館で盛大に行なわれた。しかし、経験と蓄積に欠ける帝犬

昭和８年（1933年）にはこんな出来事が

ドイツでナチが政権奪取、ユダヤ人迫害が始まる
日本、国際連盟を脱退
京都大学滝川事件、自由主義者の弾圧始まる
満州事変で戦死した那智と金剛に甲功賞授与
北海タイムス社内でアイヌ犬保存会立ち上げ
不正血統書疑惑で、警視庁が帝国軍用犬協会の永田理事らを聴取

は様々な失態を犯した。

◉日本シェパード犬協会にかかった圧力

そこで日本シェパード研究会を名乗っていた中島ら残存組は、新たに日本シェパード犬協会を立ち上げ、再び犬籍の登録と血統書の発行を始めた。前組織と似たような名前だが、「犬」という字が入っている。しかしその後も、「中島も犬のことで又軍批判等で渋谷道玄坂上の十字路にあった憲兵隊に呼び出され大へん危なかったこともありました」（『ＪＳＶ60年史』）とあるように、軍から執拗な圧力を受け続ける。その時は、帝犬会長の久邇宮朝融王邸に出入りしていた陸軍参謀部の大佐で、遠縁にあたる末松茂治大佐が身元を保証したために銃殺を免れたとのことである。少し我田引水的な書き方だが、そういうこともあったのであろう。

また、帝犬の特別会員でもあった日本犬保存会の斎藤弘吉を通して、「対等の条件による合同」話が持ち込まれたこともあった。それも丁寧に断った。その後も家宅捜査をされたり、国家総動員法による解散をほのめかされたりした。それでも戦争終結まで何とか持ちこたえたのは、会長に元皇族で愛犬家の筑波藤麿侯爵を迎えていたからである。組織を乗っ取られた苦い経験から、慎重に会長選びをした成果であった。

それにしても、斎藤はどうして仲介の労を取ったのであろう。軍に貸しをつくっておけば、日本犬に便宜を図ってもらえると考えた可能性はある。そういう時代であった。あるいは特別会員という立場上、断れなかったのかもしれない。しかし、そもそもどうして特別会員になったのか。それはもう誰にもわからない。あの時代を経験していない後世の我々には、判断できない事柄である。

◉帝国軍用犬協会の内部事情

しかし帝犬も色々問題を抱えていた。森田敏彦は著書（『犬たちも戦場にいった　戦時下大阪の軍用犬』日本機関誌出版センター）で、帝犬大阪支部に視点を定めて内部事情を描き出している。それによると、最も軍犬報国に熱心であった大阪支部でさえ、愛犬趣味に浸ることで満足している会員が少なくなかった。もともとシェパードは高価で、飼育は金持ちや知識層の道楽的な側面があった。

帝犬会員には様々な特典が与えられたから、それを目当てに入会した会員も多かったのである。その特典は金銭的なものばかりではない。国のお墨付きを得た団体であり、飼育に関する欧米の最新情報も入ってくる。時代の先端をいっているという満足感も得られたであろう。このように、帝犬には様々な人間が混在していた。そのため、陸軍が買い上げる軍犬購買会に犬を出さない会員もいて、帝犬は最後まで買い付けに苦労した。

◉軍犬報国派が富裕層を追放

予算が少なくて、軍の買い入れ価格が安かったということもある。なかなか購買会に出さない会員がいるため、徴発制度を求める声も出た。森田敏彦は、次々にシェパードを軍犬として送り出す工場経営者の様子から、軍犬報国を支えた人々の実像を描き出す。彼らは地域で草の根の軍国主義を支えた層であった。一方で、日本シェパード倶楽部にいたような富裕層の典型として、発足直後から支部長代理を務め、後に大阪支部長になった田村駒次郎を紹介している。

田村は繊維商社、田村駒商店の社長であった。大の野球好きで、職業野球チームの経営にも関わり、戦前は大東京軍の、戦後は松竹ロビンスなどのオーナーにもなった人物である。大正都市文化の花であったスポーツに深く関わったことから、人物像や生活スタイルが伺える。森田は「適当なユーモアもあり、愉快で磊落な」人物であったと伝えている。

甲子園にあった邸宅「一楽荘」は、約一万坪の敷地に八〇〇坪の家が建っていて、十数棟の犬舎に五〇頭のシェパードが飼育されていた。その中には昭和九年（一九三四年）に、現在の為替レートで三、〇〇〇万円もしたドイツ直輸入の名犬もいた。一緒にドイツ人訓練士も招いて雇うほどの力の入れようであった。その訓練士カール・ミュラーは以後ずっと日本に定住し、戦後に日本で人生を終えている。

こういう「金持ちの道楽」的な会員に対して、軍犬報国派は次第に不満と苛立ちを募らせていく。そして昭和一二年（一九三七年）、盧溝橋事件が起こって日本社会が次の角を曲がると、両者の違いが表面化した。昭和一四年（一九三九年）九月には、田村支部長の辞職を求める動きが起こる。翌月、支部幹事会で陸軍少将の仁礼《にれ》精粋《せいすい》が支部長に就任した。

こうした時流に押し流されながらも、日本の畜犬界はこの時期に未曾有の活況を見た。日本犬保存運動も、こういう時代と併走しながら奮闘した。特に、表面的には平穏であった満州国成立後から盧溝橋事件までの数年間に、大きく飛躍した。昭和史家の半藤一利は、「満州国建国から盧溝橋事件までの、戦火が一段落していた数年間に起きた出来事が以後の方向を決定づけた」と述べている。具体的には五・一五事件、国際連盟脱退、京都大学滝川事件、天皇機関説の排撃、国体明徴運動、そして二・二六事件である。

◉「いとしや老犬物語」忠犬ハチ公、世に出る

財界人までがテロの標的になった昭和七年（一九三二年）、ハチ公が世に出た。その経緯については、日本犬保存会創立者の斎藤弘吉みずから、最後の著書となった『日本の犬と狼』所収の「忠犬ハチ公」に書いている。上野英三郎博士はすでに亡く、ハチは出入りの植木職人であった小林菊三郎に飼われていた。ハチは温厚な犬で、時々ウォーと唸るだけで、人にも犬にも吠えることはなかった。お座り、お廻り、お手などはよくするので、斎藤も渋谷で降りるとハチに焼き鳥を買ってやり、ぐるぐる回らせて遊んだ。

しかし、おとなしいので、良い首輪や新しい胴輪をつけると、すぐに盗み取られる。安産のお守りとして、畜犬票を取られたこともあった。貧しかった昔の日本には、そういう人間も少なくなかった。小林がちゃんと登録して畜犬票をつけていたのに、首輪ごと盗まれたために野犬と間違われて、捕獲されてしまったこともある。この時は、たまたまハチを見知っていた巡査が気づいて救われたが、危うく処分されるところであった。

また、駅の小荷物室に入り込んで駅員に引っぱたかれたり、顔に墨でいたずら書きされることもあった。夜になると屋台の店主から追い払われたりして、まるで野良犬のような哀れな状態であった。そこで斎藤はハチが渋谷駅前にいる事情を人びとに知らせ、いたわってもらいたいと考えて、『朝日新聞』に寄稿したのである。

それを読んだ記者が渋谷に行って取材をし、昭和七年（一九三二年）一〇月四日付『朝日新聞』朝刊に、「いとしや老犬物語　今は世になき主人の帰りを待ちかねる七年間」という見出しで、写真付きで掲載された。もっとも戦後になって、実はネタがなくて困っていた社会部の記者たちが渋谷駅前をうろついているハチに目をつけ、各社がそれぞれ掲載したという事情が明かされている。いずれにせよハチは、この時期に世に出る運命であった。そこが人智を超えた不思議な巡り合わせであり、時代を背負ったハチの定めであったのではないか。ハチ公と呼ばれるようになった理由については、諸説ある。当事は親しみを込めた敬称として、公をつける慣習があった。

ハチは昭和七年（一九三二年）一一月に開かれた第一回日本犬保存会展覧会にも、参考犬として参加した。その時の様子を斎藤は、第一回展覧会号と銘打った『日本犬』一巻三号の「展覧会偶感」に、ハチ公も上野未亡人も、飼い主になっていた小林菊三郎もみな嬉しそうであったと書いている。

◉フィラリア研究会設立

ちなみにこの年、日本犬保存会の理事でもあった動物研究家の平岩米吉が、愛犬チムの死をきっかけにフィラリア研究会の設立を呼びかけている。フィラリアは糸状虫症と言い、文字通り白い糸状の寄生虫によって引き起こされる。熱帯から温帯にかけての沿岸部に広く分布しており、東アジアに多い。蚊が媒介し、ミクロフィラリアと呼ばれる幼虫の形で体内にはいり、成長しながら血管内を移動して心臓に達する。かつて犬が短命であったのは、多くがフィラリアにかかったからであった。

フィラリアは一七世紀にヨーロッパで発見され、日本では明治一三年（一八八八年）、東京大学農学部の前身である駒場農学校にいた青山敬一が、『医事新聞』に発表している。かかればほぼ一〇〇パーセント死に至る狂犬病、体力がない仔犬や若い犬がよくかかるジステンパーも恐ろしい病気である。しかし、この二つについては世界的に研究や取り組みがなされ、予防法が確立され始めていた。しかし、フィラリア研究は一向に進んでいなかった。日本の犬は若い時にかかったジステンパーを克服しても、フィラリアで死んでしまったのである。

死んだ平岩の愛犬チムを知り合いの獣医が解剖すると、体内には驚くばかりの糸状虫がいて、心臓を占領していた。平岩も一緒に、チムの臓器に絡まるフィラリア虫をピンセットで抜き取った。総数は六七匹であった。このフィラリアによって、チムは四年四ヶ月で死んでしまったのである。

翌昭和一〇年（一九三五年）、平岩は主宰していた『動物文学』に、「満天下の愛犬家に訴う（難病フィラリアの研究について）」という告知を出した。そこには、日本ではほとんどの犬がフィラリアによって死亡すること、その数は一日二〇〇頭と推測されること、にもかかわらず治療法も予防法も全くない状態であることが書かれていた。

フィラリアはアジア中心の風土病である。日本の愛犬家は、フィラリア撲滅のために立ち上がる必要があると平岩は訴え、そのための募金を募ったのである。そしてフィラリア研究会を設立し、日保の重鎮でもある東京帝国大学の板垣四郎博士に研究を依頼した。研究は昭和一〇年（一九三五年）四月から、五ヶ年計画でスタートした。専任研究者は板垣研究室の久米清治であった。その後、フィラリア研究は日米で進み、平岩が研究会設立を呼びかけてから半世紀後、ほぼ予防体制が確立された。今では月に一度投薬すれば防げるようになっている。多くの人々の努力があって今日がある。

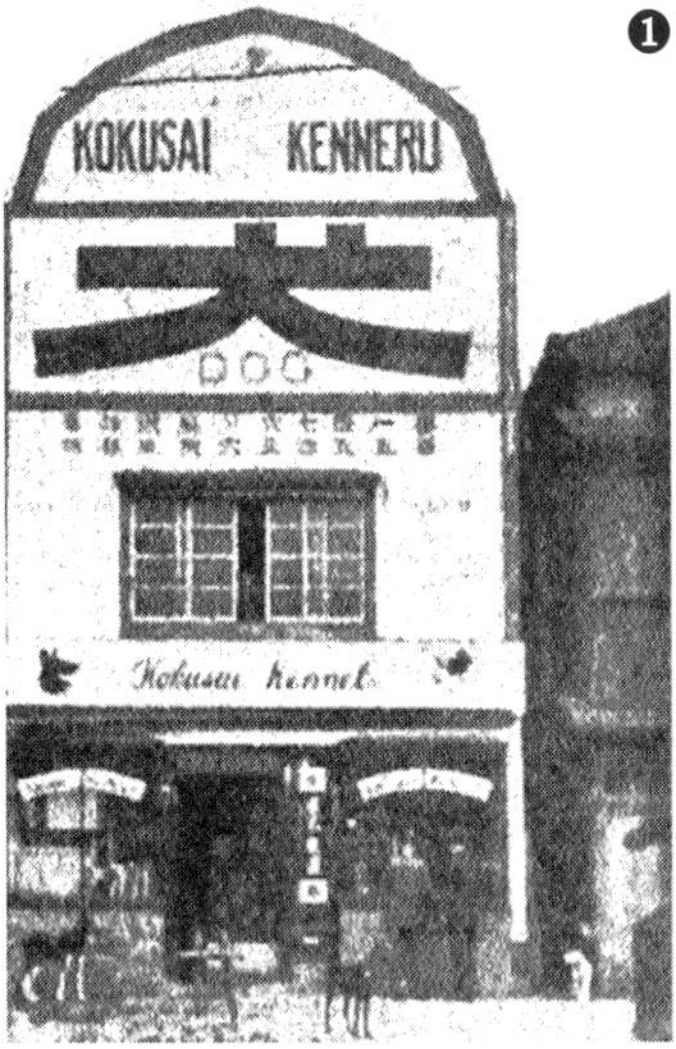

❶

❷

❸

❶ペットショップ国際ケンネルの店舗。
❷犬用の栄養剤ケンソの広告。カルシウム、ビタミン、ホルモンが入っていて、500 錠入り 3 円、1000 錠入りが 5 円 50 銭であった。
❸初めてシャンプーとトリミングを始めた。
出所：いずれも『犬の研究』17 巻 2 号（昭和 16 年 8 月）に掲載された国際ケンネルの広告。

昭和９年（1934年）にはこんな出来事が

日本、軍縮を決めたワシントン条約の破棄を通告
ヒットラー、総統に就任
平岩米吉の呼びかけでフィラリア研究会設立
日本シェパード倶楽部残留組が、日本シェパード犬協会を設立
渋谷駅前でハチ公像の除幕式
日本犬保存会、日本犬標準を制定
紀州犬、甲斐犬、越の犬が天然記念物に指定
岐阜県庁からの委託調査で美濃犬数十頭発見

◉日本犬保存会、ハチ公の銅像を建てる

ハチの人気が高まると色々な騒ぎが起こった。中でも最もたちが悪かったのは、「上野家からハチに関する一切を託された」と勝手に称する男性が登場したことである。日本美術院同人にハチの木像製作を依頼し、渋谷駅の改札口付近に飾るという計画であった。その資金を得るためとして木版画の絵はがきをつくり、駅長にも署名させて売り始めた。そして次第に収集がつかない状態になってしまった。

そこで、生前の銅像製作には反対であった斎藤も腹を決め、昭和九年（一九三四年）正月にハチ公像建設を発表したのである。発起人には斎藤と日本犬保存会のほか、東京帝国大学獣医学部教授の板垣四郎博士、上野英三郎門下生を代表して農林省耕地課長の片岡謙、上野動物園園長の古賀忠道、東京高等師範付属小学校主事の佐々木秀一、そして渋谷駅の吉川駅長が名を連ねた。

事務所は駅長室に置き、資金は子どもたちからの一〇銭以下の寄付によるものとした。金銭の取り扱いは一切、第一銀行渋谷支店に任せた。募金は全国から集まった。特筆すべきは、アメリカからも寄付が寄せられたことである。ロスアンゼルスで動物愛護家が中心

になって寄付を募り、市立運動場で贈呈式が行われて日本に送られてきた。

◉除幕式

除幕式は昭和九年（一九三四年）四月二一日に行なわれた。当時、駅前は狭かったので、裏の貨物置き場で行なった。銅像に刻む「忠犬ハチ公」という字は小学生から募集した。採用されたのは渋谷区立上原小学校三年生だった、佐々木敦子の字である。立派な字である。小学生が当時、あんな素晴らしい字を書いていたのかと驚く。佐々木は結婚して引っ越したが、戦後も節目ごとに記念行事に参加した。

ハチの人気はまさに絶頂に達し、連日誰かがハチに食べ物を持ってきた。また詩や歌や俳句を寄せて讃え

忠犬ハチ公
死して博物館を飾る

ハチ公の死を知って、銅像の首に黒白のリボンを巻く上野未亡人
出所：『東京朝日新聞』昭和10年3月9日付夕刊

昭和10年（1935年）にはこんな出来事が

天皇機関説、排撃
陸軍の派閥争い激化、相沢中佐が永田軍務局長を刺殺
東京オリンピック開催にあたり、野犬の街頭撲殺廃止が議題に上る
青島シェパードドッグ倶楽部、東京ドーベルマン倶楽部、及び日本エアデール連盟が帝国軍用犬協会に吸収されて消滅
日本犬保存会、海外へのPR活動を開始
ハチ公、死亡　秋田県大館駅前にハチ公像除幕
尋常小学校教科書に忠犬ハチ公物語「オンヲワスレルナ」と軍用犬武勇伝「犬のてがら」が掲載
帝国軍用犬協会が第一回耐久力試験を実施、日本犬が一位に

る人や、車に乗ってハチを見にくる人が絶えず、すっかり渋谷の新名所となった。除幕式に先立って三月一〇日には神宮外苑の日本武道館で、「銅像建設基金の夕べ」が行なわれている。ハチや上野英三郎未亡人も参加し、会場は超満員であった。道玄坂ではハチ公音頭が披露され、サトウハチロー作詞の「ハチ公の歌」が、レコードになって発売された。しかし、ハチは次第に老いて駅で寝泊まりし、小林宅に帰ることも少なくなっていた。

◉天皇機関説が排撃される中、ハチ公死す

天皇が制定した形の欽定憲法であったとはいえ、大日本帝国憲法は立憲制として解釈されてきた。これが天皇機関説である。それがこの年、軍部や在郷軍人会などの猛烈な攻撃によって排撃された。以後、日本は「国体」という特殊な国家形態だとされていく。そんな騒然とした情勢下で、ハチは静かにその犬生を終えた。繁華街から少し離れた横道で倒れていたのである。

ハチは銅像ができた昭和九年（一九三四年）の秋頃から、だ

いぶ弱っていた。当時としては老犬であったたし、治療法のなかったフィラリアにかかり、腹水が溜まって苦しそうであった。数人の獣医による治療奉仕で、何とか持ちこたえていたのである。小林宅と渋谷駅との往復もできなくなり、駅に泊まることが多くなっていた。そこで二ヶ月前、小林菊三郎と弟の友吉は、小荷物室の片隅に二畳ほどの木の床をつくってやった。

渋谷駅の小荷物係兼ハチの世話係であった佐藤は、昭和一〇年（一九三五年）三月五日の備忘録に「ハチ公は体調が悪く、注意が必要である」と記している。その三日後、三月八日の早朝、ハチは渋谷駅の反対側、ふだんは行かない稲荷橋付近の滝沢酒店前で息絶えているところを発見された。一一歳であった。

発見したのは店主の妻、春野である。まだ体に温もりが残っていた。春野はハチの太い首を撫で、店員の西村伝蔵を交番に走らせた。間もなく渋谷駅から、大八車を引いた職員が二人駆けつけた。知らせを聞いた飼い主の小林菊三郎も、渋谷駅に走ってきた。小林はできれば老いたハチを自宅で過ごさせてやりたかったが、ハチ自身が渋谷駅から動かなかったのである。上野未亡人も斎藤弘吉も来た。

「美女と日本犬」
日本犬保存会が海外向けに作成した英文パンフレット。人気上昇中の女優に和服を着せるという、外国人向けの演出。「美女と日本犬」という題をつけている。
出所：『日本犬』4巻1号（昭和10年11月）

◉剥製にするため科学博物館へ

犬は死を意識した行動を取ると言われる。吉川駅長は死の前夜、ハチが見せた不思議な行動について、「ハチ公の死の前後」と題した一文を書いている（忠犬ハチ公銅像維持会『忠犬ハチ公記録』）それによると、ハチ公はゆっくりと駅の中をめぐり歩き、いつもは行かない場所にも入っていって駅員たちを驚かせた。

さらに商店街の店を一軒一軒、挨拶でもするかのように回ったのである。一度も入ったことのない甘栗太郎の店も訪れて、じっと店主の顔を見上げていた。後で死を知った店主は、「いとま乞いに来たのか」と納得したという。吉川駅長は「その夜に限って知らない土地へ行ったということは、しかも路地の中で倒れていた点などを思い合わせると、犬は死ぬ時近所の土地を汚さぬ、見にくい死骸を見せたがらない、という言い伝えの通りで、これも私には不思議に思えます」とハチを偲んでいる。

上野家は青山墓地にある墓の隣に犬の墓をつくってあり、同家で死んだ犬は全てそこに埋葬することになっていた。そこで内蔵の一部を切り取って墓に埋め、遺体は剥製にするため上野の科学博物館に送られた。科学博物館には当時、坂本喜一という日本一の剥製技術者がいた。坂本は一生の傑作を残すと言って張り切り、娘婿である本田晋とハチの遺体をそのまま石膏に写し、苦心して製作した。それが現在展示されている剥製である。この剥製を製作するにあたっては、生存中に斎藤弘吉らが各部を綿密に計測しておいたのが役立った。

◉ハチ公、教科書に載る

斉藤弘吉は「忠犬ハチ公」（『日本の犬と狼』）の中で、動物の中でも犬の剥製を製作するのは最も難しいが、ハチ公のそれは傑作だと言っても過言ではないと述べている。戸川幸夫の直木賞受賞作『高安犬物語』では、最後の高安犬と言われたチンの剥製が、似てもにつかぬものになってしまい、主人公らががっかりする様子が描かれている。

ハチの剥製は昭和一〇年（一九三五年）六月一五日に披露された。この剥製は「本物より良くできている」「美化されている」と言われることがある。しかし、ハチをずっと見守ってきた斎藤弘吉は、「あれは壮年期のハチのありのままの姿だ」と述べている。また昭和二九年（一九五四年）に『愛犬の友』誌上に掲載された座談会「日本犬を遠慮なく語る」では、こう述べている。

思ヒ出シテ、「モシ、トチュウ デ ジブン ガ 死ヌ ヤウナ コト ガ アッタラ、アノ ヤク ソク ガ ハタセナイ」。ト 思ヒマシタ。ソコデ、武夫 ハ、ソノ 子ドモ ニ アテタ 手紙 ヲ カイテ イウビン切手 ヲ 入レ、ソレ ヲ、ジブン ノ ニイサン ノ 所 ヘ オクッテ、「モシ 私 ガ 死ンダラ コノ 手紙 ヲ 子ドモ ニ トヾケテ 下サイ」。ト、タノンデ ヤリマシタ。

二十五　シャウヂキ

松平信綱 ハ、小サイ 時、シャウグン ノ ヤシキ デ、ナカマ ト タハムレテ、タイセツナ ビャウブ ヲ ヤブリマシタ。間モナク、シャウグン ガ ソコ ヲ 通リカヽリ、「コレ ハ、ダレ ガ ヤブッタ ノ カ」。ト 聞キマシタ。ナカマ ノ モノ ハ、ミンナ ダマッテ ヰマシタ。ソノ 時、信綱 ハ、「私 ガ ヤブリマシタ」。ト カクサズ マウシアゲテ、オワビ ヲ シマシタ。スルト、シャウグン ハ、「ヨク モ シャウヂキ ニ マウシタ」。

第４期国定教科書に載ったハチ公の物語

出所：第４期国定教科書「尋常小学修身書　巻二」（昭和 10 年）

「あれができた時、台座から外して、足の鉄棒のところを砂利の中に埋めて、太い引き綱をつけて私が曳いている形の写真を撮り、関西展に持っていって審査員達に見せたら剥製と気のついた人は一人もいなかったですよ」

斎藤は上野英三郎博士にかわいがられていた頃の、若いハチを知っている。耳が垂れている、雑種だなどと様々な声があっただけに、若い頃のはつらつとした姿を復元したかったのではなかろうか。

剥製が科学博物館に行く前に斎藤が綱を曳いている写真は、多くの日本犬写真を残した重鎮の平島藤寿が撮影して今日まで残っている。ちなみにハチは、秋田犬が天然記念物の指定を受ける前の大正一二年（一九二三年）生まれだから、復元途上の犬である。しかし雑種ではない。父親も祖父も名のある立派な犬であった。

ハチの告別式には動物愛護協会からも弔辞が届いた。それは、「言ヒツギ語リ伝ヘラレテ、美ワシクモ輝シキ生涯ヲ、長ク長ク称ヘラレルデアラウ」という文面であった。ハチ公の物語は七ヶ月後の昭和一〇年（一九三五年）一〇月、尋常小学校二年の修身の教科書に取り上げられた。「オンヲ忘レルナ」という項目になっており、国全体が戦時色を強める中で、都合よく利用された側面も否定できない。それもあって、戦後になると軍国主義を否定しようとするあまり、ハチ公への中傷も登場した。その典型が、『週刊朝日』昭和三一年（一九五六年）八月一九日号に載った「忠犬ハチ公の真相」という記事である。

◉ 忠犬否定説

この『週刊朝日』の記事は「ハチ公の渋谷駅通いは、主人の出迎えでも何でもなく、駅の附近の焼き鳥屋の捨肉欲しさに、あの辺をうろうろしていたに過ぎない。それをジャーナリストと軍国主義者達が、動物の持つ愛情の姿をねじ曲げて忠犬物語をでっちあげた」という内容であった。ハチ公がよく焼き鳥をもらって食べていたという証言などを根拠に、忠犬説を否定するものである。

忠犬物語への批判自体は、ハチが生きていた時代からあった。フィラリア研究会を立ち上げた平岩米吉は、その記事の中で「当時、教科書への掲載に反対した」と述べている。平岩が昭和一一年（一九三六年）四月に新宿中村屋で開いた、動物文学談話会で、この話題が出たのである。そこで、平岩は『忠犬』という呼び方は感心しない」と述べている。犬には恩を受けたから返すという気持ちはない。あるのは主人に対する純粋な愛情だけである。人間の流儀を動物にこじつけて、寓話を生み出すことは無意味であるという見解である。

しかし、一方で、「心からかわいがってくれる人は、犬はすぐわかる。どんな犬でもかわいがれば、みんなハチ公のようになる素質を持っている。非常に純粋で生一本で深刻だ。そのために死ぬ、といった例はいくらでもある」として、焼き鳥目当てで渋谷に行ったなどという解釈はあまりにひどいと述べている。

斎藤弘吉も後に、『愛犬ものがたり』（文芸春秋新社）の中で反論している。ハチにあったのは、自分をかわいがってくれた主人への純粋な愛情だけである。ハチに限らず、犬とはそういうものである。人間で言えば子が母を慕い、親が子を愛するような絶対的な愛情なのである。

また、最後の著作となった『日本の犬と狼』所収の「忠犬ハチ公」でも、重ねて「ハチに限らず犬は焼鳥が好きで、私も小林君もよく買って与えていたが、そのためにハチが駅にいるようになったものでない」と記している。そもそも焼き鳥目当て説の証言は、焼き鳥を食べる姿だけを断片的に見た人々から出ている。こういう齟齬は歴史上の史実、例えば戦場で何があったかという問題でも必ず生じる。それぞれが、断片を見た自分の体験だけで結論を出すからである。

犬好きならみんな知っているように、犬は体験と場所を関連づけて記憶し、そこに強い執着を持つ。上野英三郎博士と共にしばしば楽しい時間を過ごし、犬好きにかわいがられた渋谷駅周辺は、ハチにとって幸せな場所であったのではないか。ハチは渋谷の町犬であった。子どもの頃にハチの頭をなでたことがあり、平成五年（一九九三年）にハチに関する資料を集めて『ハチ公文献集』を自費出版した林正春は、「十年無言の至情で、何もいわなかったハチ公ですが、ハチ公の本当の気持ちは、大好きな博士に飛びつき、思い切り頭を押しつけて尾を振りたい、ただただ、それだけだったのではないでしょうか」(吉田悦子『日本犬　血統を守るたたかい』小学館)という解釈をしている。林は改札口に向かって、いつもうつむいて座っていたハチの姿が忘れられないと回顧している。

◉ハチ公への中傷に怒る木村泰治

渋谷区が昭和五七年(一九八十二年)に出した『渋谷は、いま』には「頭が良く、チクワが大好物であったハチ公」という一文が掲載されている。筆者は当時高校生であった岡本健である。岡本はその頃、市電で学校に通っていた。ハチ公はいつも改札口に向かって座っていたが、岡本らが市電から降りると、トコトコと近寄ってきたという。若い頃のハチは、ふさふさした毛の生えた立派な犬であった。

岡本は、「今思うとハチ公自身も、主人はもう帰って来ないということを知っていた気がします。あの頭のいい犬が気づかないはずはありません。しかしハチ公にとっては、そんなことは問題じゃなかったのでしょう」とハチの心中を推しはかっている。一方、秋田犬の保存活動に人生を駆けた人々は、こうした「ハチ公への中傷」に怒っている。大館出身の実業家で台湾商工会議所会頭も務めた木村泰治は、『地天老人一代記　木村泰治自叙伝』の中で「これこそ悪意か、無知か、犬の持つ特性を全く理解していない意見というべきである」と述べ、次のような逸話を紹介している。

「かつて神戸の人が、秋田犬の優秀なのを大館に注文し、大館から神戸に送られたことがあった。神戸の駅に着いたので駅員が檻の戸を開けたところ、縛ってなかったのでそのまま飛び出して市中に逃げた。その後、諸所のゴミタメなどをあさっているのを見かけた者はあったが捕らえることができず、半月ばかりを経過した」

そこで売り主が神戸にやってきたところ、犬は痩せ衰えた姿で抱きつき、頬を擦り寄せて離れようとしなかったというのである。この様子を見た神戸の人は感きわまって、「私はもういいですから、大館に連れ帰ってください」と頼んだそうである。

◉ハチ公が生きた時代

『地天老人一代記』における木村泰治の主張は、日本主義が持つ日本犬イデオロギーの典型例である。科学的根拠はないし、日本犬に限らず忠犬は世界中にいる。ただ、こうした強い思いをもった人々の献身的な活動がなければ、長く日本列島で暮らしてきた日本の犬は消えていたであろう。情熱は客観性や冷静さを超えたところに生まれる、大いなる主観だからである。

ハチ公の物語は、人間と犬が結ぶ絆の象徴として人々に受け入れられ、語り継がれてきた「現実につながる物語」である。国立科学博物館長の林良博も「ハチは犬らしく生き、犬らしい死を迎えただけなのに、過剰に美化されたり、根拠のない誹りを受けたというのが、実際のところではないだろうか」（『東大ハチ公物語』に寄せた、推薦の言葉）と述べている。

ハチは人間の思惑などとは無関係に、上野英三郎博士との思い出が詰まった渋谷で、淡々と無心に生きた。

飼い主と強い絆で結ばれる一方で、地域共同体とも緩くつながり、昭和の町犬としての犬生を貫いた。大正末期に生まれ、戦争に向かう昭和一ケタの時代を渋谷で過ごした。ハチが生きていた間には大事件が次々に起こっている。大正デモクラシーは実質、ハチが生まれる直前に起こった関東大震災と、治安維持法の施行によって終わった。

昭和に入ると世界恐慌、昭和金融恐慌などが次々に起こって、日本経済は打撃を受ける。時代の波は植木職人であった最後の飼い主、小林菊三郎の生活をも脅かしていく。もともと生活は楽ではなかった。そこに不況の波が押し寄せて、上野が出入りしていた屋敷でも手入れを簡単にしたり、日数を減らしたりして節約したから、収入は減るばかりであった。それでも小林はハチに充分な食べ物を与えていた。

ハチ公像が建てられた昭和九年（一九三四年）には、東北が大凶作に見舞われて娘が身売りされる事態になっていた。ハチが死んだ翌年には二・二六事件が、その翌年には盧溝橋事件が起こって、日本は後戻りができなくなる。こうして見ると、ハチは否応なく時代を背負う運命であったことがわかる。

◉寺田寅彦のハチ公論

ハチ人気の過熱や駅ぐるみの葬儀に対しては、当時から批判的な声もあった。その主体はおそらく知識人であった。しかし、「たかが犬一匹にこのお祭り騒ぎは何だ」という見方に対して、物理学者であり一流の随筆家でもあった寺田寅彦は、随筆集『橡《とち》の実』（昭和一一年）で「これがにがにがしければ全ての『宗教』はやはりにがにがしく腹立たしいものでなければならない」と反論している。

寺田はたまたま、剥製になったばかりのハチ公の写真撮影を見ていた。その様子をこう描写している。「或日上野の博物館裏を通ったら、隣の帝国学士院の裏庭で大きな白犬の写真を撮っていた。犬がちっとも動かないでいつ迄もじっとして大人しくカメラを見詰めている、と思ったら、傍に立っていた人がひょいとその胴をかかえて持ち上げ、二三歩前の方に位置を変えたのでそれが剥製だとわかった。写真師の傍に中年の婦人が一人立っていた。片手を頬にあてたままじっと犬の方を見ていた」。

翌日の新聞に載った写真を見て、寺田はそれがハチ公の剥製であったことを知る。犬の方を見ていた夫人は上野英三郎未亡人であった。寺田はこの時のことを振り返って、「その剥製を撮っている光景を見た時には矢張り自分の中に仕舞い忘れてあった『宗教』が一寸顔を出した」という。寺田の鋭敏な感性は、ハチ公の人気と大げさな駅葬という大衆的騒ぎの向こうに、生あるものの死を悼むという日本人の宗教的心情を見出していたのではなかろうか。

満州国成立後の表面的な平穏は終わりを告げ、生死に敏感にならざるを得ない時代が、すぐそこまで来ていた。一年後、日本社会は二・二六事件に震撼することになる。寺田は夏目漱石の弟子でもあり、「坊ちゃん」の水島寒月や「三四郎」の野々宮宗八のモデルとなったと言われている。「天災は忘れた頃にやってくる」という有名な警句は、寺田の文章を弟子の中谷宇吉太朗が要約したものである。

第二章　日本犬、第一回軍用犬耐久試験で大奮闘

◉不況の影響を受けなかった知識層

ハチ公の物語は昭和も終わりに近い六二年（一九八七年）、「ハチ公物語」として映画化された。ヒューマニストの新藤兼人が脚本を担当し、清々しい映画をつくる神山征二郎が監督を務めている。子どもと一緒に観ることを意識した優しい作品になった。昭和初めの渋谷駅周辺や街の様子、人々の生活が詳細に再現されている。配役もいい。グローバル化の波が押し寄せて来る前であったから、日本情緒あふれる映画になっている。それがハチ公の「犬生」を描くのによく合致していた。

しかし、家族で観られる作品に仕上げたせいか、あえて描かれていないものがある。それは戦争に向かう時代の暗部である。その理由の一つは、飼い主であった上野英三郎博士が帝国大学教授というエリートであったからであろう。一人娘の結婚相手は外務省の官僚ということになっている。当時は国民の多くが小学校出で、今とは位置づけが違うとはいえ中学を出れば高学歴であった。大学生は国民の数パーセントに過ぎなかったのである。

東北の農村が疲弊して若い女性が売られていても、上野博士のような恵まれた知識層は、不況の影響をあまり受けなかった。この大きな格差が軍部の暴走を助けた。戦争の足音が近づいてきても、上野博士の周囲にはぎりぎりまで、近代的な都市市民の穏やかな日常が続いていたのである。上野博士には昭和の初期でも「人間に人格があるように、犬には犬格というものがある」として、犬を大事にするだけの余裕があった。そして、この層こそが、日本犬保存会を立ち上げて衰退の危機から救い、初期の動物愛護運動を担っていく。大正時代を通じてとにかく、層は薄いが中産階級が形成されていたことは幸いであった。

◉ドイツでシェパードの父が追放される

ただ、社会の中上層だけが近代化＝西洋化するというのは、新興国にとって危険なことである。その後の日本は、軍部が掲げる極端な土着思想によって近代が全否定されることになる。日本犬保存会の設立もそういう流れと無縁ではなかった。にもかかわらず担い手の近代性によって、日本主義の非軍事的側面を代表する例となったのである。

この年、ドイツではジャーマンシェパードの父と言われるフォン・シュテファニッツが、ドイツシェパード犬協会総裁の座を追われている。政権を奪取したナチ党は、ドイツシェパード犬協会を畜犬連盟という組織に組み込み、国家の統制下に置こうとした。シェパード犬協会の会員にもナチ党員が増え、シュテファニッツは次第に孤立し、追放されてしまったのである。軍犬の母国であるドイツの犬も、苦難の道を歩み始めていた。

ドイツはナチを台頭させて、ヨーロッパを大惨禍に巻き込んだ。第一次大戦の敗北で多額の賠償金を課され国民が疲弊したことが、ヒットラー人気を後押ししたのは周知の事実である。しかし、その前提として重要なのは日本と同様、後発資本主義国であったことである。個人より秩序を優先させる文化が全体主義につながった。ドイツの全体主義と日本の軍国主義は異質のものである。それでも近代の全否定と古代回帰、民族神話の美化という共通点があった。

◉第一回軍用犬耐久試験に参加

この昭和一〇年（一九三五年）には、日本犬関係者を大いに喜ばせる出来事があった。帝国軍用犬協会が中山競馬場で実施した第一回耐久力試験で、出場した一三頭中、日本犬が一位と二位を占めたのである。耐久力試験は競争ではない。決められた距離を走って脈拍や白血球、炭酸、血糖値などを計る。この試験は陸軍獣医学校衛生学研究室の他、東京帝国大学農学部獣医学科内科学研究室、東京高等獣医学校軍用犬研究会が後援し、最先端の機器を持ち込んで日本で初めて実施されるものであった。

実は満州事変以来、軍犬報国の声は高まっているものの、実際に現場からは「シェパードは弱くて役に立たない」「すぐに疲れて行軍の妨げになるのは軍犬である」という轟々たる批難の声が上がっていた。伝令に使おうにも、「暑い時季など犬の疲労がはなはだしく、遺憾ながらもう前進命令を犬に与えるに忍びない」という軍犬兵の声が多く寄せられていた。そこで、軍用犬は果たして軍が求めるだけの耐久力を持っているのかどうか、またどの程度の耐久力が必要なのか、その基準を得ようと試験が実施されたのである。

これに日本犬保存会も参加したのである。今まで、日本犬の能力は未知数とされてきた。そのため、めったにないこの機会を生かそうと入念に犬を選んだ。山地で作出され山地で飼育されている犬、山地で繁殖され都会で飼育されている犬、都会で作出されて飼育されている犬といった具合にバランスを取り、体型も様々な犬を選んでいる。

◉中山競馬場に詰めかける観衆とマスコミ

産地も北海道から岐阜まで様々で、中には地域を越えて交配させた犬も混じっていた。各地の日本犬の特性や欠点を知り、あるべき日本犬の方向性を探り、今後の作出や飼育、管理のための資料を得るのが第一目的であった。合わせて陸軍に、日本犬についての資料を提供したいという意向もあった。

第1回軍用犬耐久力試験

中山競馬場で行なわれた、第1回軍用犬耐久力試験の様子。先行している犬が勝平号で、その後をシェパードが走っている。

出所：『日本犬』 4巻1号（昭和10年11月）

試験に参加するため、関西からも里田理事らが犬三頭を連れて上京、斎藤弘吉宅に泊まって準備した。翌日、一同は車で中山法華寺門前の指定旅館に出発。到着するとすぐ縁側にケージを並べ、犬の手入れをした。翌一九日は朝四時に起床、犬に軽い運動をさせ、朝食をとって出発し、七時に中山競馬場に着いた。

すでに観衆が詰めかけており、その中には新聞社の写真班や映像班も混じっていた。参加する犬は開始前に脈拍、体温、体重、筋力などの検査を受けた後、二つのグループに分かれて一三周する。やがて試験が始まり、数分おきに一頭ずつ走り始めた。横で訓練手が一緒に走る。第一グループでは、父犬は新潟産で母犬が北海道産で、東京のベテラン業者である佐藤武雄が所有していた巨大犬、勝平号が最初から飛ばした。佐藤はみずから指導手を務め、関係者が「速過ぎるぞ」と言っても「平気、平気」と聞き流して走った。白シャツに白パンツ、白い靴に白鉢巻きという勇ましい姿であった。

和歌山産の両親を持つ巨摩号は前後の犬を気にして振り返るなど、かなり興奮していた。父犬が岩手のマタギ犬、母犬が岐阜産で、東京の玉川農場所属の隼人号は悠々と走り、血統不詳の北海道犬・以知号は軽々と走った。七周目あたりから犬も人も疲れが見え始める。まずエアデールテリアが腰をつき、興奮状態が収まらなかった巨摩号も一〇周目で倒れた。

◉不調の中、「日本犬の名折れ」と強行出場

第二グループには、総合で一位と二位になった甲斐犬の親子チイ号とピン号のほか、石川産のウメ号と北海道犬の安康号が出場した。この中では残念ながら、安康号がもう一周というところで倒れてしまった。安康号は日保第三回本部展で文部大臣賞を取った犬で、大いに期待されていた。しかし安康号は体調が悪かったのである。会場に出発する前に検査したところ脈拍が乱れており、出場するかどうかは中山に着いてから、調子を見て決めることになった。中山に一泊した際には気管支炎を起こしており、呼吸が苦しそうで、斎藤と里田両理事が相談して出場しないことに決めていた。

しかし、当日の朝に飼育者の堤正治がやってきて、「文部大臣賞をとった大切な種犬だから、惜しがって出さない等と言われたら日本犬党の名折れだ」「この度のような結構な研究で死ぬなら本望である。北海道中探してもっといい犬を見つけてくる」とすごい意気込みであったのである。堤は、いい北海道犬を集めている飼育者として有名であった。しかし、試験直前の検査でも安康号は脈拍が定まらず、検査官に棄権を勧

第１回耐久力試験に出場した日本犬

第１回耐久力試験に、不調を押して強行出場した北海道犬の安康号。第３回本部展で文部大臣賞を受賞している。所有者の堤誠治は、北海道から良い犬を次々に買い入れていた。

第１位になった甲斐犬のチイ号。富川日本犬愛護会の所有。

第２位になった同じく甲斐犬のピン号。チイ号の子どもである。所有者は里田源三。

出所：『日本犬』４巻１号（昭和 10 年 11 月）

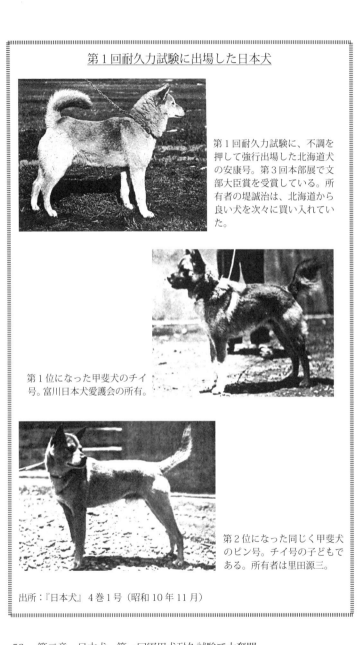

められた。しかし、堤は「日本犬はこんな不健康でも、五里ぐらい走ることは大丈夫だという実験になる」と言ってきかない。結局、強行出場することになったが、そういう堤自身の体調も思わしくなかったため、他の者が指導手を引き受けて走ることになった。

やがて疲れてきた安康号は、途中で止まってしまう。そこで指導手を換えて走ったが、半周でまた動かなくなった。それを見ていた堤はたまらず、飛び出していって共に走った。飼い主の顔を見た安康号は、元気になってまた走り始めたものの、あと一周というところで倒れてしまったのである。

◉少なかった軍用犬の参加

もうだめかと思われたが、堤の激励の声に安康号は再び奮起し、結局最後まで走った。残念ながら結果は最下位であったが、日本犬の気魄を示した結果になった。しかし、これは科学的知見を欠いた無茶な強行出場であり、後の特攻や玉砕を思わせるものがある。日本主義の負の側面が如実に出ている。ともあれ、甲斐犬のチイ号とピン号が一位と二位を占め、以知号も四位に入るなど、日本犬は大いに気を吐いた。

この結果を帝国軍用犬協会はどう見たのか。審査員の一人で陸軍一等獣医の関谷昌三郎は、「耐久力試験審査結果報告」を『軍用犬』と『日本犬』双方に寄稿している。今回の耐久力試験は、軍用犬が持つべき耐久力の基準を得るのが目的であったと前置きした上で、まず帝犬に対して「しかし遺憾ながら軍用犬の参加が少なく、各犬種について十分なる耐久試験の目的を達し得なかったのは、研究機関や施設設備などに特に力を注いだのに対し、一層遺憾とするところであった」（『軍用犬』四巻七号、昭和一〇年七月）と苦言を呈している。確かに帝犬が主催するのに、軍用犬三種の参加が半数に満たなかったのはちょっとお粗末である。

◉日本犬、健闘を称えられる

一方、日本犬保存会の努力は、「将来の耐久試験に対して参考になること多く、また研究部の一事業として満腔の熱意をもって参加された日本犬の耐久力に対しては、だいたいの基準を獲得し得たことは大きな収穫である」（「耐久力試験検査報告」『日本犬』四巻一号、昭和一〇年一月）と評価されている。

審査委員長の板垣四郎博士も同様の感想を、「ただ遺憾に感じたことは、此の種の意義ある試験に対し、一般会員の認識を欠き、軍用適種犬中、ドーベルマンは遂に一頭の参加も見ず、エアデールは僅かに一頭、シェパード犬すら六頭の出場しか見なかったことである」「これに反し日本犬保存会より参加した日本犬が、三犬種より多数に上り、且つ優秀な成績を挙げたことは、今まで、用途の上から相当な耐久力があるものと考えられ乍ら、未だ具体的に説明する機会に到来しなかった謎を解くに、極めて有力な証明といはねばならぬ」（「耐久力審査所感」同号）と述べている。

日保の研究部もこの結果に喜びをにじませつつ、一層の精進を訴えている。同号の「耐久力試験参加記」で、会員はいたずらに自慢したり他品種を見下したりすることなく、ますます優秀な日本犬の作出と管理訓練に努力することを望むとしている。帝犬会員もこの参加記で、「ついに立ち、ついに外国種に対して戦いを挑んだ日本犬の姿が今日の光芒の中に現れた」（相沢晃「KV第一回耐久力テスト景観」『軍用犬』四巻七号、昭和一〇年七月）と賞賛した。

翌昭和一一年（一九三六年）四月、ドイツシェパード犬協会総裁の座を追われたシュテファニッツが、失意のうちに死去している。日本でも追悼式典が開かれ、国際医学会でドイツに赴く京都支部の深山杲が筑波公爵の代理として夫人に会い、弔意を伝えようとした。しかし、当局に妨害されて会うことができなかった。

昭和11年（1936年）にはこんな出来事が
ロンドン軍縮会議脱退
中国で、国共合作に繋がる西安事件発生
二・二六事件起こる／皇道派青年将校によるクーデター
軍部大臣現役武官制復活、現役の軍人が閣僚に日独防共協定成立、日伊防共協定成立
警視庁、畜犬関係機関を一斉取締及び狂犬病予防を主眼とした畜犬行政革新協議会を開催
国民党軍の軍犬部隊創設者が来日
森永、犬用飼料として無糖ドライミルクと原料粉乳を発売
柴犬、天然記念物に指定
新潟の忠犬タマ公、飼い主の命を二度救う
秋田犬、初めてイギリスに渡る
日本犬保存会、帝国軍用犬協会と軍用化研究着手

◉関東月例研究会「欧州犬界見たまま」

同月、日本犬保存会の関東月例研究会で橋爪敬三郎が、四〇〇日にわたるヨーロッパ滞在の経験を「欧州犬界見たまま」と題して話している。インド洋経由で渡欧する途中に寄ったシンガポールで、日本犬そっくりの犬を見た話から始まって、ベルリンの街が犬の糞であふれていること、愛玩犬が多いこと、シェパードの訓練は素晴らしいが、体型はむしろ日本のシェパードの方がいいということなどが語られた。またロンドンも犬の糞があふれ、エアデールテリアはショードッグと化し、訓練は料金が高いために普及していないなど、先進国イギリスの意外な実情が明かされている。また各ケネルクラブは社交の場になっていて、特に研究などはされていない様子だというのが橋爪の見立てであった。

そして橋爪は自信を持った。一年あまりの滞在で、どこまで深く現地の実情を見られたのかは不

昭和12年（1937年）にはこんな出来事が

盧溝橋事件　第二次上海事変　南京占領
警視庁、直轄警察犬の運用を再開
東京に畜犬商組合が発足
日本犬保存会、社団法人として認可される
新宿伊勢丹で日本犬写真展開催
日本犬保存会、新宿中村屋で第一回総会開催
北海道犬と四国犬、天然記念物に指定
日本犬保存会、出征中の会費を免除
京城帝国大学の森為三、珍島犬の保存を提案
来日したヘレン・ケラー女史に秋田犬「神風号」が送られる

明である。だから鵜呑みにはできないし、当時は日本主義の時代であったから、ひいき目があったのかもしれない。

しかし、橋爪の目は冷静であった。ベルリンでは愛玩犬を、婦人たちがみずからのスタイルを引き立てるために引き連れているという、細かい観察もある。またテームズ川沿いを散歩していた男が、先を急いでいたために無理に犬を引きずったところ、そばにいた婦人たちが「残酷だ」と騒ぎ出し、その男が警察に連行される場面も目撃している。

あちらでは非常に犬への関心が行き届いており、したがって理解に富んだ管理がなされていることで、日本には学ぶべきことが多くある。橋爪は「そして更に一つ付け加えると——犬の雑誌が汽車とか汽船とか、その他人間の集う場所によく見かけられることで、これも一般の犬に対する興味が深甚で、かつ愛犬熱の普及している証左だと解しています」と、ヨーロッパの犬文化を評価している。

◉中国から軍犬班の責任者が来日

また一〇月には、国民党軍の軍犬訓練所である中華民国陸

軍特種通信隊から将校が二人来日し、交流会が開かれている。国民党軍用犬部隊の創設者である黄瀛《ファンイン》と、部下の李家駒《リージャジュ》である。黄は中国人の父親と日本人の母親との間に重慶で生まれ、父を失った後、日本で育ち詩人として頭角を現した。しかし母親の意向で陸軍士官学校に入学、中国に戻って軍人になっていた。

黄は大の愛犬家で、日本に住んでいた時は日本シェパード倶楽部の会員たちと交流していた。その経験を生かし、国民党軍では軍犬の育成を任されている。一方の李はかつて青島の公安局で、ドイツ人から直接、軍用犬訓練の指導を受けていた。この二人が来日したので、シェパードの関係者たちが歓迎会を開いたのである。すでに中国との関係が悪化していた時期で、陸軍は難色を示した。しかし、何とか説得して一〇月二二日、銀座の明治製菓レストランで交流会を持つことができた。日本からは帝犬理事の中根栄ら数名の他、陸軍から坂本少将、陸軍歩兵学校軍犬育成部から二人の将校も参加した。その様子は機関紙『軍用犬』昭和一一年（一九三六年）一一月一五日号に掲載されている。

それによると、今のところ国民党軍の軍犬は五〇頭ぐらいだそうで、帝犬のような団体はなく、犬も獣医も足りなくて困っているとのことであった。またアジア一と謳われたシェパードの犬舎、上海デニーケンネルは犬の病気ですっかり凋落し、犬を売るという話になっている。せっかくの犬が散逸してしまっては惜しいので、黄瀛が勧めて国に寄贈させ、蒋介石から勲章がもらえるように手配したそうである。

◉日本犬を警察犬に

交流会は和気あいあいで、日本側から「もはやドイツから輸入しなくても日本でいいシェパードが生まれているから譲ろう」「四年後の東京オリンピックで犬の対抗試合をしたらどうか」といった提案や、軍犬の

親切叮嚀
健康安全
訓練保證

軍用犬學校

規定拔萃

一、本校は日本軍用犬學校と稱し軍用適種犬の訓練を行ふ所とす。

一、入學の方法及有資格犬、直接若くは文書を以つて申込めば直ちに入學し得。入學を許可する犬は、十ヶ月以上二ヶ年未滿の健康犬たる事。

但、入校後一週間素質試驗を行ふ。此間食料一日五十錢を申受く。

一、卒業犬には卒業證書を附與す。

一、訓練料 並

初級訓練(自一ヶ月半―至二ヶ月)	五十五圓
番犬訓練	七十圓
基本訓練	百圓
其他課目(一ヶ月間)	三十圓

一、入學犬所有者には毎月「研究月報」を贈呈す。

一、訓練法傳授は修業時行ふも希望には何時にても行ふ。

訓練者 元歩兵學校軍用犬係 元奉天守備隊軍犬係 藤村高

所在地 東京市中野區鷺宮一丁目一二〇

軍用犬訓練学校の広告
日本犬を軍用犬にすると謳っている。
出所：『日本犬』5巻3号（昭和11年3月）

価値を軍の上層部に認識させる秘策など、様々な話題が出た。しかしこうした交流もこれが最後となった。日本軍は翌年、国民党軍犬班の本拠地であった南京に攻め込むことになる。この段階で、そういう戦火の拡大を予測できる人間は少なかった。

またこの年、日保と帝犬が共同で日本犬軍用化研究に着手している。すでに大正一一年（一九二二年）、陸軍歩兵学校が日本犬は軍用犬に不向きだと結論づけていた。しかし、耐久力試験で好成績を収めたこともあり、もう一度研究してみようという声が上がったのではなかろうか。前年には、関西の中心者であった里田源三が土地を提供して、滋賀県に富川日本犬訓練場を開設。軍人も参加した開所式の写真が残っている。また折よく、前年に日本犬保存会に入会していた大館出身の横山助成が会長に就任。翌年には警視総監になった。これを機に、日本犬を警察犬として採用しようという話が持ち上がっている。訓練は日本犬保存会に委託されたが、その後の詳細は不明である。やはりうまくいかなかったと思われる。

◉二度も飼い主を救った忠犬タマ

この頃新潟では日本犬が、飼い主の命を二度救って話題になった。犬の名前はタマで、今では絶滅した越の犬であったと言われている。豪雪地帯の中蒲原郡川内村（現在の五泉市村松地区）で昭和九年（一九三四年）二月、雪崩に巻き込まれて埋まった飼い主の刈田吉太郎を、足を血だらけにしながら掘り出したのである。そして二年後の昭和一一年（一九三六年）の一月、再び雪崩に襲われた飼い主他四人を、またも掘り出して救った。二度も雪崩に埋まるというのも大変な運命であるが、それを二度とも救ったのだから偉い。『日本犬』六巻六号（昭和一一年六月）には、見てきたような描写が掲載されている。

「タマ公は時を移さず一散に雪崩の現場に駆け戻りました。そして暫くくんくん嗅ぎ回っていましたが、やがてピストルのように前足で雪を掘り初めました。二分、三分、死にもの狂いです。舌は長く垂れ息は焔の如く、肢には血さえ滲み出・・」

タマは忠犬として称えられ、渋谷のハチ公との語呂合わせでタマ公と呼ばれて銅像になった。

タマ公の銅像は新潟駅南口駅舎二階や村松公園の他、横須賀市にも設置されている。地元新潟市民にも、あまり知られていないのは残念である。越の犬は今でいう柴犬である。「猟における迫力が足りない」と評された越の犬であるが、写真を見る限りタマ公は精悍な顔をしている。当時の日本犬は細身で精悍であった。

◉泉茂家、日本犬保存会大館支部を結成

昭和一一年（一九三六年）の六月には、日本犬保存会大館支部が結成されている。大館は秋田犬の本場で泉茂家大館町長が秋田犬保存会を立ち上げていたが、この頃はまだ組織としての活動は低調であった。渋谷のハチ公像も日本犬保存会が建てたものである。なかなか意識が高まらない状況に業を煮やした泉町長は、意を決して日保大館支部結成に動いた。『日本犬』五巻七号（昭和一一年七月）に寄せた「秋田県大館支部設置に当りて」に、その心境がつづられている。

日本犬保存会は昭和三年（一九二八年）の創立以来、着実に発展を遂げている。各種の事業を主催して会報も発行し、会員も八〇〇人を超えて犬界の一大勢力になっている。しかしこの間、秋田犬保存会の活動はどうであったか考えると、実に淋しいものがある。筆者（泉町長）は日本犬の中でも秋田犬が最も優秀だと信じるが、現実に証明してみせなければ意味がない。最近、紀州犬も天然記念物に指定された。日保は各地に支部を置いて系統繁殖を推進している。秋田犬も日本犬である以上、その優秀性を天下に知らしめるためにも支部の設置が必要であると町長は痛感したのである。

そこで、意見を同じくする会員たちと手分けして賛同者を集めた。幸い二〇人以上集まったので、支部設置を日保本部に申請した。そして「之につけても自己満足の陶酔から秋田犬養成の方々が目覚めて、冷静な努力を傾けてほしい事を希望して止まない次第である」と訴えたのである。しかし、泉町長はその成果を見ることなく、翌年五月に病没した。

秋田犬を連れて帰国したイギリス人貿易商リチャード・ブラウン
一緒に写っているのは秋田犬を送った京野兵衛門
出所：『犬の研究』８巻１号（昭和 10 年１月）

◉秋田犬、初めてイギリスに渡る

この年の八月には上野動物園で、黒豹が脱走するという事件が起こった。この時、職員の一人で日本シェパード協会の会員であった三島静夫が相馬理事に連絡、「シェパードの出番だ」と出動を要請した。しかし相馬は「そりゃ日本犬でなきゃだめだよ。すぐ斎藤さんのところへ行くんだね」と言う。そこでシェパードと共に秋田犬も二頭出動した。黒豹は結局、職員がマンホールの下で発見した。

その秋田犬が一一月、初めてイギリスに渡った。銀座に店舗を構えていた日本犬好きのイギリス人、リチャード・ブラウンが帰国するにあたり、京野兵右衛門に依頼して秋田犬の雄雌を譲り受けたのである。名前は勇と梅子であった。新聞でも「大館犬ロンドンへ」と大きく報じられ、ブラウン夫人と船上で写した写真が、『日本犬』六巻八号（昭和一二年八月）に掲載されている。一緒にロンドンに渡った田中輝一が、後に日本犬保存会東京例会で語ったところによると、「デイリーミラー」など何社もの新聞や雑誌のカメラマンが押しかけた。そして翌日の新聞に写真が大きく掲載された。

勇は耳が立たなかったが、ブラウンは「船の長旅で揺られたのが原因」という、ユーモア溢れる珍説を述べた。その後、勇の耳が立たなかったことを知った京野は、耳が立った犬をまた送った。ブラウン夫妻はこの二頭を子どものようにかわいがり、会う人ごとに「これは日本古来からの犬である」と説明したのであった。しかし、そのイギリスとも四年後には、敵味方に分かれるのである。

なお、この年の日保本部展では四国の山中、本川村から引き出された楠《くす》号が文部大臣賞を受賞した。あまり知られていなかった四国犬の華々しいデビューであった。翌年に同じく四国犬のゴマ号が、翌々年にも四国犬の長春号が受賞している。この三頭は四国三名犬として、今日まで語り伝えられている。

イギリスに渡った秋田犬

イギリス人貿易商リチャード・ブラウンが、帰国に際して連れていった秋田犬。インド洋上で夫人と共に。

出所：『日本犬』6巻8号（昭和12年8月）

第三章　日中全面戦争開始　軍用日本犬論の台頭

現地に到着した軍用犬
盧溝橋事件発生後、当時北支と呼ばれた中国大陸北部に到着した軍犬部隊。
出所：『軍用犬』6巻8号（昭和12年12月）

平成二六（二〇一四年）夏、NHKの朝ドラ「花子とアン」の中で、村岡家で飼っていた柴犬のテルが国に徴用されるくだりがあった。悲しむ娘の美里に、花子は「テルはお仕事に行った。兵隊さんと一緒にお国のために働いている」と嘘をつく。この悲しい話は反響を呼び、数日間、犬の徴用という言葉が検索語の上位を占めた。こういう歴史を描くのが朝ドラの役割である。

ただし、この話は史実とは違う。テルは日本犬だから、軍犬として戦場に行くことはなかった。テルを待っていた運命は徴用ではなく供出と撲殺である。この両者は全く異なるのだが、ずっと混同されたまま今日まで至り、もはや検索してもよくわからない状態になっている。この本が扱うのは供出の方である。ちなみにドラマの原作で、孫が書いた評伝『アンのゆりかご村岡花子の生涯』（新潮文庫）には、昭和一三年（一九三八年）に供出と書かれている。しかし、これもおかしい。実際には、犬の供出は太平洋戦争開始後に行なわれ

昭和12年（1937年）にはこんな出来事が

盧溝橋事件　第二次上海事変南京占領
警視庁、直轄警察犬の運用を再開
東京に畜犬商組合が発足
日本犬保存会、社団法人として認可される
新宿伊勢丹で日本犬写真展開催
日本犬保存会、新宿中村屋で第一回総会開催
北海道犬と四国犬、天然記念物に指定
日本犬保存会、出征中の会費を免除
京城帝国大学の森為三、珍島犬の保存を提案
来日したヘレン・ケラー女史に秋田犬「神風号」が送られる

たもので、そうなるまでにはいくつもの段階があった。犬をめぐる状況は段階を踏んで悪化していった。どんな出来事も、何の脈絡もなく突然起こるということは有りえない。必ずそこに至る背景と過程がある。人々が見過ごしてしまうような小さな動きが積み重なり、ある日勢いを増して社会を覆っていくのである。犬の供出はまさに、そういう出来事であった。四国犬と北海道犬が天然記念物の指定を受けた昭和一二年（一九三七年）、日本は満州事変に次ぐ二つ目の角を曲がったのであった。

◉日中全面戦争開始

昭和一二年（一九三七年）七月七日、北京郊外の盧溝橋における日本軍と中国国民革命軍との衝突によってついに日中全面戦争が始まり、もともと足りなかった軍犬がさらに不足した。日保は出征した会員の会費免除を決めている。それでも犬の業界自体は発展中で、犬は店舗販売や通信販売の他、道ばたでも売られていた。この年には日本水産が、ヒノマル印ドッグフードを発売している。帝国軍用犬協会が推奨して各支部で売られた。もちろん多くの飼い主は残飯を与えていたが、ここに国産初のドッグフードが誕生したのである。ネット情報を始め、多くの資料が「国産ドッグフードは戦後初めて発売された」と書いているが、これは誤りである。

どうしてこういう間違った情報が流れて、多くの人が信じてしまうのか。一つには、日本人自身が過去を知らないからであろう。実際、知る手立てもない。そのため戦前の日本はひどく遅れた社会で、近代的なものは全て戦後にアメリカから入ってきたという思い込みが蔓延している。かくして過去は消えていく。なお三年後の昭和一六年（一九四一年）には、三井物産が軍犬口糧というドッグフードを開発した。日本シェパード犬協会理事の相馬安雄が社長を務める新宿中村屋でも販売され、日本犬保存会も取り扱った。会報『日本犬』にも広告が載っている。

◉斎藤弘吉、調査のために朝鮮半島へ

この年、斎藤弘吉はクォン（またはドール）と呼ばれる犬科動物、別名アカオオカミの骨を見るために朝鮮へ行った。そして京城帝国大学の森為三に案内されて、珍島犬を見た。下関から関釜連絡船に乗って朝鮮に渡った斎藤は、釜山から超特急「あかつき」に乗って京城へ着くまでに、七〇頭あまりの犬を見ている。しかし、立ち耳は一頭もいなかった。

日本犬の渡来経路について知る上で、朝鮮半島は最も重要な地である。斎藤は以前から調査の必要を感じていたが、諸般の事情からなかなか実現せず、初期からの会員である森為三に在来犬の調査を依頼していた。そのため、森は朝鮮全土から集まった学生たちに、各地の在来犬について聞いてみた。けれども見つからな

い。一説には、日本人を始めとする外国人が洋犬を持ち込んだためと言われている。

しかし、教え子の一人が珍島の郡守となり、古来からの猟犬が棲息していることを発見して、森に伝えたのである。そこで森は珍島に赴き、純粋種であることを確信した。そして総督府に、天然記念物として指定するように要請する方針を立てた。間もなく珍島でも郡守を中心に愛犬団体が設立され、保護繁殖していきたいと日本犬保存会本部に正式な依頼が来た。

実際に斎藤が珍島に来て村を歩いてみると、「北海道犬に似しもの、あるいは石州犬に似しもの等あり」(斎藤弘吉「朝鮮行」『日本犬』六巻六号、昭和一二年六月)と会報に記されており、大いなる成果があった。珍島犬が純粋種として残ったのはおそらく、地理的条件によって洋犬との交配を免れたものと思われる。この後、森は珍島犬を朝鮮固有の犬として「朝鮮宝物古蹟名勝天然記念物委員会」に報告し、翌年珍島犬は天然記念物に指定された。

しかし、これが内地に伝わると、業者が押しかけて次々に連れ出されてしまったのである。さらに昭和二〇年(一九四五年)の敗戦によって一時、珍島犬は放置状態になって絶滅の危機に瀕する。その後、大韓民国の設立後に李承晩大統領によって珍島犬保護法が制定された。日本に移入された珍島犬はその後、どうなったのであろうか。珍重されたのか、それとも日本犬として売られたのかはわからない。ちなみに『日本の犬　人と共に生きる』(東大出版会)によれば、同じ柴犬でも山陰柴犬は信州柴犬や美濃柴犬とは少し異なり、遺伝子的には珍島犬に近いようである。

◉日本犬を軍用犬に

一方、日中全面戦争が始まり、第一回耐久試験で日本犬が好成績を上げたこともあって、すでに不適格とされていた日本犬を再び軍用犬にしようという声が、日保内部からも上がってきた。それがはっきり表に出てきたのが、『日本犬』六巻九号（昭和一二年九月）に掲載された「日本犬の新しい性格」である。筆者は会員で陸軍歩兵学校の谷川三郎である。この主張が掲載された経緯は不明だが、会報『日本犬』は基本的に投稿誌である。平島藤寿が「意欲的な投稿が少ない」と嘆いているところからしても、本人の意思による投稿であろう。

陸軍歩兵学校は、大正時代に初めて軍用犬の育成を始めた部署である。谷川は、日本犬が軍用犬に不向きであるとされる三つの理由について、日本犬の現状を認識していない誹謗に近い見方であるとして、それぞれに反論している。

第一の反論は、日本犬は各地方によって形態が異なり、統一された犬種を形成していないという点に対してであった。確かに、かつて日本犬はかつて山間部で猪犬や鹿犬などと俗称され、未組織な状態にあった。しかし、今や日本犬はすでに大型、中型、小型という三つの型を持って犬種を形成している。もちろん産地によって表現や凛性などに違いはあるが、産地は異なっても必ず型別の標準に合致している。

第二の反論は、純粋種の数が少なく、急激に増やすことが不可能であるという点に対してである。谷川は、「雑種と比較すれば確かに少ないが、今どんどん増えている。そもそも日本犬が放置されていた時には、数が少ないとは言われなかった」と反論し、「日本犬は『稀らしきものへの魅力』や『滅びゆくものへの愛着』や『単純な郷土思慕』の念から復興したものではない。今日の日本犬の隆盛には然《ママ》うある可き幾多の原因が重なり合って築き上げられたもの」と憤慨することしきりである。

◉軍用犬登用の障壁、一代一主論

谷川の第三の反論は、日本犬が実際にどれほどの能力があるのか、研究されていないという点に対してであった。谷川に言わせれば、軍用犬候補として日本犬に関心を向けないのは、当局の怠慢と言わざるをえず、ドイツでもソ連でも自国の犬を軍用犬に育てている。また当時は、日本犬が不向きとされる理由に、日本犬は飼い主一人にしかなつかないという「一代一主」論を挙げる者がいた。これに対して、確かに日本犬は簡単に人になつかないとはいえ、純情な忠僕は第二の主人にもなつくのであり、むしろ一代一主の論に固執することは日本犬を進化させる上で有害であるとしている。そして狩猟民族ではなかった日本人は犬の使役に熱心でなかったが、今や真剣に軍用日本犬の育成に取り組むべきであると、谷川は主張したのであった。

時代の影響が強過ぎて見えにくいが、要は陸軍が日本犬を冷遇していると怒っているのである。谷川の主張の中で特に興味深いのは、日本犬が軍用犬として発展するのを阻んでいる要因として、一代一主という日本犬好きの持論を批判していることである。

日本犬も洋犬に劣らず役に立つと主張するためには、日本犬の美徳とされてきた性質を否定する必要があった。日本犬を洋犬と同じ土俵に置き、同じ基準で競争しても負けないと証明しなければならないからである。つまり、西洋近代の基準で犬を見るべきであると主張しているわけで、これは日本犬をグローバル化競争に巻き込むことになる。谷川は近代主義者であった。この谷川の問題提起は戦争の長期化深刻化とあいまって、次第に波紋を広げていく。

紀州犬富士号

富士号は、昭和 10 年の第４回本部展で文部大臣賞を受賞した。しかし、当時から「三河犬ではないか」との声があった。

出所：『日本犬』４巻２号・３号合併号（昭和 10 年９月）

◉畜税犬廃止論と三河犬の浸透

この年には、日保会員の畜犬税廃止を望む意見も出た。例えば『日本犬』六巻二号（昭和一二年二月）に掲載された、兵庫在住の米山重一による「畜犬税廃止を提唱す」という投稿である。保存会は公益団体として、事業の全てが国家の利益に資するものであり、この点をよく認識すれば、会員の所有犬は畜犬税を免除されてもいいのではないのかという意見である。米山は「とかく世間には犬を飼育するを贅沢とし、玩弄物として取り扱う傾向がありますが、日本犬に関する限り、種々な意味からかかる見方は誤りで、日本犬に対し本会に対し、認識不足もはなはだしいと言わねばなりません」と憤慨している。

ちょうどこの頃、世間では負担の均衡を図るための税制改革が議題に上っていた。帝犬はすでに、各自治体に対して畜犬税の免除を求めており、次第に認められつつあった。寄稿者の米山はこの税制改革を機に、日保も会員所有犬の畜犬税免除を訴えようと呼びかけたのであった。しかし、時代はそれどころか、犬の生存を許さない方向に向かっていく。

また、『日本犬』六巻八号（昭和一二年八月）には、戦後に大スキャンダルを巻き起こす三河犬について、秋田犬保存活動の重鎮である京野兵右衛門が注意を喚起している。当時は日本犬が注目されて市場価値が高まる一方で、日本犬がどういうものかわかっている人は少なかった。この隙を突いて三河犬が浸透していたのである。三河犬はチャウチャウなどの血が入った類似犬で、すでに一定数が繁殖しており、最初から保存会を悩ませていた。

残された写真を今見てみると、初期の日本犬保存会展覧会で上位に入賞した犬にも三河犬の混入が見られる。第三回全国展で一席になった紀州犬の富士号について、後に松本克郎は「絶対に三河犬だ」と述べている。日保を脱退した高久兵四郎が立ち上げた日本犬協会は、最初から上位の犬に三河犬の疑いが濃く、そのためかすぐに行き詰まった。

京野は、明治維新で洋犬がなだれを打って入ってきた時、チャウチャウが一緒に入ってきて三河地方に定着したのではないかと推測している。この地域は養鶏が盛んで、品種改良の技術を持っていた。日本犬との違いは見る人が見ればわかるし、相違点はたくさんあった。しかし、業者の「経営努力」によって、両者の差異はどんどん小さくなっていった。そして戦後、新種の日本犬として世間をあざむき、一世を風靡することになる。

◉戦場をさまよう犬たち

ところでこの頃、日保の理事でもあった動物研究家の平岩米吉は、戦場の動物たちが悲惨な運命をたどっているという新聞記事を読み、胸を痛めていた。しかし、時勢が時勢だけに、正面から抗議することはできない。そこで、主宰していた動物文学会の機関誌『動物文学』では、昭和一二年（一九三七年）一一月号から「支那事変と動物」という特集を組んだ。当時、日中戦争は支那事変、あるいは日華事変と呼ばれていた。宣戦布告がなかったので、最後まで事変扱いであった。この連載は、新聞や雑誌の記事から戦場における動物の話題を集めたものである。バランスを考えて何種類かの記事が集められている。

そのうち、まず戦場の悲惨さを伝える二つの記事を紹介しておく。

「屍に群れる犬　○○部隊（伏せ字）進撃のあとには敵の人馬がすでに腐敗して横たはり、犬が群がって貪り食っている凄惨な光景だ。突然前方自動車の中で、銃声一発拳銃の音だ。聞けば死骸を食って居る犬を追い払うための威嚇射撃であった」（『東京朝日新聞』北支版、北支九月二〇日付）

「餌もなく飼い主もいないので、取り敢えず陸戦隊本部へ餌を求めて群がっているが、敵の飛行機が来るごとにびくびくしながらわが戦士を慕っている姿はいじらしい」（『東京日々新聞』上海八月二四日付）

◉死の街、南京に響く遠吠え

なかには、南京攻略戦による荒廃ぶりがよくわかる記事もある。伏せ字だらけである。

「死の街・南京　城内では毎日漢奸狩りにかかって銃殺されるもの数知れず××××××××が至るところに見られる。物資欠乏から貧民の×××××××××惨状を呈し、それら××××××××××喰う犬の遠吠えにまじって諸所に銃声がひびき、暗黒、凄惨、国民政府の首都として繁栄を誇った歴史の街南京は、今や全く鬼哭啾々たる死の街と化してしまった」（『読売新聞』南京、一二月二日付）〔筆者―この記事は内容からして、日付を書き間違えた可能性がある〕

また凄惨な話に混じって、兵士たちと動物との交流を伝える癒しのような記事もある。違う部隊に属していた軍用犬の親子が出会ったり、自分が育てた馬と再会した兵士、負傷して動けなくなったので仕方なく置いてきた犬が、四〇日後に部隊に追いついたといった心温まる話である。避難する中国人が置いていった動物の様子や、中国側の軍犬の奮闘ぶりを伝える記事もある。中国兵の死体を加えて運んだり、伝令なのか毎日同じ道を健気に往復する二頭の軍犬がいて、部隊内で話題になっているといった内容である。

◉現場でみた軍犬と主人を失った飼い犬

また、現場の冷静な意見を伝えている記事もある。

「戦線の軍犬　砲兵少尉　阿部哲記　通信線も数多く、そう簡単に連絡が切れることはないから戦場において軍犬の使用は損害のみ多く、あまり花々しいところはないと思った。また軍犬はすぐ補充がつかないので、失えばその後は一頭もなくなる」「しかし目覚ましい軍犬の活動は第一線の兵士に非常に良い感じを与える。犬でさえも勇敢に働くのに、まして我々人間はと発奮する」（中支、五月『軍用犬』）。

この連載は大好評で、九回に渡って掲載された。

犬猫の寺

犬猫を供養する寺も登場した。
出所：『日本犬』6巻6号（昭和12年6月）

上海における飼い犬の運命を伝える独自ルポも含まれている。米山愛紫の「上海戦線　動物哀話」（昭和一三年三月）である。もはや日本人もペットを飼うどころではない。そうは言っても街に遺棄することはしのびないので、「犬を差し上げます」「犬を預けます。相当額の謝礼を差し上げます」といった広告を新聞に出していた。しかし、誰もが困っているから貰い手ももらい手もいない。

解き放たれた犬たちは飢えて痩せ衰えて死体に群がり、軍のトラックに轢かれて死に内蔵が飛び出している。それは血に馴れた人々さえ慄然とさせる光景であった。「愛犬家や愛猫家が、我が子のごとく愛育した犬猫をさえ、野外に放り出さねばならぬほど緊迫した情勢であったのである。戦争は悲しいことである」と米山は伝えている。

この年の五月、秋田犬保存会初代会長の泉茂家が死去した。四月に上京した時に黄疸にかかり、帰郷したが回復しなかった。享年五四歳であった。『日本犬』六巻七号（昭和一二年七月）には、斎藤弘吉の追悼文と、大館支部長の平泉栄吉による葬儀の報告が掲載されている。泉町長は前年の第五回本部展に会員十数名を引き連れて上京し、審査員を務めた。その夜に行なわれた懇親会で泉は「一生を秋田犬に捧げん」と挨拶し、参加者の胸を打ったのであった。斎藤は泉との出会いによって、日本犬保存会設立の決意を固めることになったのである。秋田犬保存会にとっても日本犬保存会にとっても、泉の存在はとても大きかった。

連載「私と犬」に見る会員たちの横顔

ところで会報『日本犬』は六巻四号(昭和一二年四月)から、「私と犬」という連載を始めていた。会員にアンケートを送って、日本犬との関わりについて答えてもらったものである。回収率は高くなかったが、会員の生活や時代背景、犬をめぐる社会背景などがうかがいしれる貴重な資料となっているので少し紹介したい。

肩書きや地名などは原文のままである。文中に出てくる犬舎号とは作出者の屋号で、血統書に登録される。読みにくい旧仮名遣いや旧字体などは多少書き換え、句読点を入れるなどして読みやすくした。

北海道の会員から

北海道からは四人が回答を寄せた。職業はそれぞれ醤油製造業、小官吏、鳥獣商、料理業兼牛馬商である。

その中の一人は、今でいう地方公務員であったと思われる村田明、三石郡在住で二五歳である。

・村田明　北海道三石郡　小官吏

「父が幼少の時よりアイヌ人の中に移住致しました。私が村に帰りまして、幼心に刻んだアイヌ人と犬との生活が忘れられなく、民族の移り変わりと犬も同じ様に経た事を知るに随分役立ちました。土地柄民族の昔を偲ぶためにも、よくアイヌ犬を残して置きたく、また内地産のものによって理想的中型犬をも作出したいと思います」

子ども時代をアイヌ部落で過ごしたという村田は、アイヌ犬という言葉を他意なく自然に使っている。こういう人間ばかりであったら、従来のアイヌ犬という名称のままで天然記念物に指定することもできたかもしれない。実際はそうでなかったから、アイヌの人々自身がアイヌ犬という呼称を嫌がり、北海道犬関係者も「アイヌ犬と呼ぶな」とたびたび会報『日本犬』に投稿しなければならなかったのである。

・山城茂　札幌市　鳥獣商

「北海道犬に限らず日本犬は洋犬の様な愛嬌と言うものが微塵もない。貞女二夫に見えずというか、忠犬二君に使えずとか言う言葉は、丁度日本犬の性情を適切に表わしている様だ。日本犬は実に一代一主を心情としているかの如くで愛嬌のない代り、忠節振りは洋犬など足下だに及ぶべくもない」

山城茂は、今のペットショップにあたる鳥獣店を経営していた。かつて犬は鳥と一緒に鳥獣店で売られていたのである。山城は、種犬として北海道犬に多大な貢献をしたメリー号（後にメリオ号と改名）を、恵庭のアイヌ部落から見いだしたことで有名な人物である。この文章からは、山城がアイヌ犬の中に日本犬の特質を強く求めていたことがわかる。

東北の会員から

東北からは一三人が回答を寄せている。その一人、米谷久左衛門は岩手銀行と黒沢尻電気会社の役員である。小学校時代から喧嘩の強い犬を飼っていた。当時は犬同士を闘わせるのが流行であった。

・米谷久左衛門　岩手県黒尻町　銀行役員
「ある晩、魚屋の五郎と云う地方きっての猛犬とかみ合せ見事に勝ちましたが、犬喧嘩が人喧嘩となり二日がかりでようやくケリがつきました。当時の喧嘩の勇壮華々しきは、今の土佐犬など見ていられません。中学時代より鉄砲に熱中、英ポ（註・イギリス産のポインター）を飼いましたが、十年前よりまた日本犬に興味が出て、まず大館某氏より秋田大型を五年間にわたり仕入れました」

・高橋一郎　宮城県鳴子町　鳴子ホテル経営者
「犬舎号は、伊達政宗公の築城せる仙台青葉城を追慕し青葉荘と命名、宮城県を代表して一般に認知せしむる意なり。なお当鳴子は、宮城県奥地にある温泉場にして秋田山形、岩手の三県にまたがり、幼少時代に地方に多数の和犬を飼育し、これを復活保存せしめたき希望に輝ける」

高橋一郎は肩書きが半端ではない。帝国在郷軍人鳴子分会長、鳴子義勇団長、鳴子沿線旅館組合長、鳴子消防組頭にして温泉旅館鳴子ホテル経営者である。皇国日本を草の根から支えた地域の名士である。四〇歳。子どもの頃から日本犬を飼っていて、今はその隆盛を夢見ているとのことである。

・遠藤悟郎　秋田県仙北郡　果樹園など経営

「今日この頃の雪の日も、平然と戸口の雪に寝転んで番をしている、路傍らに乗り棄てた自転車が私のものである限り、いつまでも何日であろうとも、私が戻るまでは端座して待っている。我至れば即ち喉を鳴らして歓迎する。汝の名はコマ、されど衆人目して黒クマと呼ぶ。宜なり、容貌熊の如し、誰が知らん汝が心天女なるを！」

秋田県仙北郡在住の遠藤悟郎は、果樹園と小さな牧場を経営している。たまに銀座の千疋屋へ果物を持っていくのが、世間との唯一の交渉という生活を送っている。番犬として愛育している二頭の日本犬は無二の忠僕で、まさに人犬一如の境地に浸っているという。時々「自分の子どもよりかわいいのか」と抗議されるほどであると述べている。遠藤の文章には、周囲から熊のようだと言われている愛犬への愛情が満ちあふれていて、胸を打つ。

・長内一郎　青森県弘前市　食品製造業

「日本犬への愛情は、数年前に小生痔瘍手術の後当分静養中、当市の一書店にて『犬の研究』という本を偶見し、同誌掲載の写真殊に中村氏のユウ号等深く感銘、それから日本犬の記事、保存会の存在、その高尚な趣旨に蕭然として共鳴した次第です」

そこで、長内は中部の業者から、信州柴犬の仔犬を一頭購入した。しかし先日、近隣の町で発情中の雌犬を追っているうちに、捕獲人によって殺されてしまったのであった。鼠をよく捉えたことや、手を上下に動かす奇妙なしぐさ、時価一〇円という闘鶏を食い殺してしまい、冷や汗をかいたことなどを懐かしく思い出すという。

・斎藤文治　秋田県北秋田郡

秋田県の北秋田からはハチ公の生家である斉藤才治の弟、斉藤文治も一文を寄せている。斉藤家は同県の仁井田村の豪農で代々犬を飼っており、文治も子どもの頃、家にいた大きな黒犬の背中に乗っていたそうである。今は大子内号という雌犬を飼っている。大子内号は一ノ関系を支えた雌犬として、歴史的に有名な犬である。その変わった名前の由来が書かれている。

「現在飼育の大子内号を一ノ関さんから譲り受けたもので、呼称のイチなるは秋田犬の第一流を目指したもので、成犬になるに及び理想通り見事になって、昭和八年と十年かしこくも秩父宮、三笠宮が大館に御成りの節御台覧の栄を賜り、この栄誉は一人個人のみならず一村の光栄と存じ、村名をとって大子内と名を付けました」

関東の会員から

回答を送ってきた会員は関東が最も多く三五人である。その多くが東京で、日本犬保存活動が都市中心の運動であったことがうかがえる。そのうちの一人、荒川在住の菊池慧は「昔話をする」として、日本犬保存会創立前後の思い出話を書いている。

・菊池慧　東京都荒川区　会社員

「それは昭和三年にさかのぼるのですが、当時は斎藤さんが一人で何もかも奮闘されておられたようでした。従って今日の如き立派な会則や会員制度ではなく、当時を追慕するにふさわしい話題、それは謄写版刷で発行された『昭和三年八月三十日、日本犬保存会調査の第一巻日本犬々籍簿』です。これには斎藤さん御得意の犬張り子が書かれ、会員?数の所載人数は二十八名でありました（小生もその仲間の一人です）。現在でも大切に保存しております。私はこれをひもとく毎に、今日の会員まさに千に垂々とする隆々たる発展を思い比べ、うたた隔世の感を感じ得ない」

昭和三年に日本犬保存会を旗揚げしてから、会員も増えてきて組織を整備するようになった昭和七年（一九三二年）までの記録は残っていない。実質、斉藤一人が文字通り奮闘していたからである。菊池がここで言及している本邦初の犬籍簿も行方不明である。おそらく戦争末期に散逸したか、空襲で焼けてしまったのであろう。

・澤田花子　東京都杉並区　医師夫人

「目に入れても痛くない可愛い人気者の伽倻子。一昨年五月、浅草茅町で生まれたので地名にちなんで伽倻子と命名したのです。伽倻子チャンは小松氏のゼマ号と交配して、昨秋十月三仔を挙げました（中略）仔犬はどれも元気で発育もよく、六ヶ月の可愛い盛りで親子仲良く遊んでおります」

澤田花子は珍しい女性会員である。戦前の会報に固有名詞で出てくる女性は澤田だけである。肩書きも医師夫人となっている。女性はつい最近まで、「誰々の奥さん」「ベターハーフ（より良き半身）」「誰々のお母さん」などと呼ばれていた。どこもかしこも全くの男の世界であったのである。

この文中に出てくる小松氏とは理事の小松真一のことで、初期の会報に「北海道調査記」を寄稿している。後に台湾へ、戦争末期にはフィリピンへ行って死線をくぐり、後にその貴重な体験記録を遺族がまとめて出版し、毎日出版文化賞を受賞している。

・小松真一　東京都渋谷区　農林省の技師
「私の犬は北海道日高の国のアイヌ部落出身にて、名もアイヌ人の付けた『ゼマ』と云う名をそのまま呼んでいます。名前の意味は『抜け作』という様な意味だそうですが、我々シャモには幸い解らないので平気で呼んでいます。犬舎号はアイヌ人に縁のある『カモイ』と付けました」

・中川為定　東京都蒲田区　塗装業
「二年前旭川市に渡航指導に出張、その際大館町の方々と交際致すように相成り、帰京後秋田犬を送って頂きたるところ、これは、七ヶ月、黒、左巻きにて家中大喜び、大切に待遇するも一ヶ月あまりも大変不機嫌で、その後半年経ってもワンと一声鳴かず唖かと思い、度々他の犬と取り替える気にもなったが、ある日私がマッサージの治療を受けていたところ、それを見付けワンと一声挙げいっきに座敷にとび上がり、医者に噛み付かんとしたが幸い無事を得た」

塗装業を営む中川為定は、仕事で北海道に出掛けた際、秋田県の大館の人々と知り合った。それがきっかけで秋田犬を飼うようになったと書かれている。中川が北海道で、大館の人々と知り合ったのには背景がある。当時は東北から北海道に出稼ぎに行く人が多かったのである。東北と北海道は犬同士の交流もあり、再建途上でなかなか耳が立たなかった秋田犬に、北海道犬の血を入れたこともあった。

・副島元治郎　東京都渋谷区　職業不記載

「私と愚妻と丸号と八千代号は常に不即不離、全くともに一家族同様であります。日常私と犬との関係を深く観察していますと、人間の私の方が丸号などに教わる事がたくさんあるように思え、ひそかに敬意を払い、その代償と致しまして食事や犬舎や運動に努めて満足を与えるようにしています」

渋谷で二頭の秋田犬を飼っているという副島元治郎は、人間の方が犬に学ぶことがあるという、内省的で奥深い内容の文章を書いている。

・小野康　東京都淀橋区に仮寓　別府市市長　衆議院議員

「若い時より随分犬を飼いました。ポインター、セッター、セパードという順序で。現在セパード一、日本犬一頭です。日本犬は牡牝一対で、牡の方は体高二尺一寸以上にて、いかにも野蛮な感じの犬ですから野蛮号と命名し、この方は単に秋田犬の秋と天下の名勝安芸の宮島とをかけて、安芸女号と命名した次第です。長男がとても日本犬に興味を持ち、愛撫しております」

なお東京からは、やはり衆議院議員の猪野毛利栄《いのけとしえ》も回答を寄せている。日本犬保存会が銀座松屋屋上で第一回の展覧会を開いた時、時の鳩山文部大臣に働きかけて文部大臣賞杯が出されるように手配したのが、この猪野であった。

関東からはその他、当時はまだ中学生で後に紀州犬文学を確立した近藤啓太郎、新国劇のスター俳優であった辰巳柳太郎、日本シェパード犬協会の中島基熊、故郷から取り寄せた山陰柴犬を売りまくっていた医師の中村鶴吉、日本犬標準を英訳し海外への広報活動を担った秦一郎、ＮＨＫの文芸部長で東京日日新聞社会部長であった当時、日本犬の天然記念物指定を紙面で報じた小野賢一郎などが回答を寄せている。

中部・北陸・紀州地方の会員から

・小林承吉　山梨県甲府市　獣医師、動物園園長

「獣医師なるが故に犬を飼う人は随分あるが、私と妻は犬のために獣医師になったようなもので、朝から晩まで犬と暮らしている。甲斐犬愛護会と帝犬山梨支部の事務所を兼ねているためでもあるが、午前の客、午後の客、夜の客と時により来訪客は異なるが、一日中遊びに来る客で大入り満員です」

小林は東京で開業していたが、関東大震災で被害を受け故郷に戻ってきた。そして山奥の往診先で出会った虎毛犬を、甲斐日本犬となづけて雑誌に発表したのである。数年後に移動してきた日本犬好きの安達検事と共に、甲斐犬愛護会を立ち上げた功労者である。帝国軍用犬協会山梨支部の事務所も兼ねており、シェパードも飼っていたというのが少し意外である。

・松本和作　静岡県浜松市　米穀商

松本は犬が好きで、昔は雑種犬を飼っていた。その犬はとても利口で、松本が白米の配達に行くと必ずついてきて、空袋をくわえて帰るのを喜んでいた。そこで多量の白米を荷車で配達する時は、犬にも肩紐をつけ一緒に曳かせたから楽であった。松本が配達している間、犬は車に積んである白米の番をするのである。

「私が車へ犬をつけて曳かしたのは浜松市では一番最初で、陰でもの笑いにされたものです。それが十年後の今日では、駅の荷車を曳く人達は申すまでもなく、農家の人々が町へ来るのにも必ず車へ犬をつけてもらっています。それほど、我が浜松地方は犬を実用化しております」

と出征による人手不足で、犬が労働力の一翼を担うようになっている様子がわかる。

「日本犬を飼うようになったのは四年前で、宅へ一三年目に珍しく初めて子供ができた時、昔から日本犬を飼うと子どもが丈夫に育つと云うことを聞いていたので、舎弟から日本犬の仔犬を一匹買って来、これが初めで現在は三頭おります」

・田中福房　愛知県豊川町　文房具賞商

「目下小生犬舎にはマル号牡二年半、テル号牝一年半、マル号直仔トミ号牝六ヶ月、同上ミチ号牝七十日、以上四頭の犬屋敷です。いずれも三河犬の代表的のものですが、三河犬であろうと何処犬であろうと、それが日本犬として優秀な点を多分に持っていれば、何ら申し分ないと考えております。いくら純血な日本犬だとて、貧弱なヨロヨロ犬ではどうかと思います」

田中福房は、当時から問題視されており、戦後に大問題を惹き起こす三河犬を飼っている。日本犬保存会の内部にまで三河犬が浸透していたことがわかる。

チャウチャウなどの血を混ぜた三河犬は、養鶏の技術を持っていた三河地方で繁殖され、一部で日本犬として受け入れられていた。その理由は「純血でもひ弱な犬ではしょうがない」と考える人間がいたからであった。三河犬は黒マスクと呼ばれる黒い口吻を持ち、精悍で強そうに見える顔貌をしていた。三河犬が広まった背景には、強さを過剰に求める時代の風潮があったと思われる。

・武田毅郎　新潟県柏崎市　平々凡々たる月給取

「大正八年頃、日本猟犬商会田中浅六氏主幹の『犬の話』を愛読していましたから、私の犬歴も二十年になります。昭和二年斎藤弘氏御来訪下さいまして、種々日本犬の話を承ってなお一層日本犬に熱をあげた次第です。越後柴（越後産柴犬の意、昔の呼称）の優者を心がけて数年、未だに快心のものなく、なお作出に努力中です」

斎藤弘というのは斉藤弘吉のペンネームである。日本猟犬商会は明治三〇年に誕生した、日本初のペットショップである。開業したのはヒゲタ醤油創業一族の田中友輔で、海水浴中に溺れかけたのを愛犬に救われ犬にのめり込んだ。次男の浅六は父親から店を受け継ぎ、日本初の総合愛犬誌『犬の雑誌』を創刊した。武田の文中にある『犬の話』とは『犬の雑誌』のことであろう。

『犬の雑誌』は志が高く、賛助会員に岩倉伯爵や池田侯爵を始めとする華族の他、英語で『武士道』を書

猟犬

日本犬もやっと猟犬として認められるようになった。この写真には「大日本猟犬倶楽部有志　猪狩りに活躍した和犬群」という説明書きがついていて、まだ日本犬という呼称が定着していなかったことがわかる。

出所：「写真ニュース」『犬の研究』11 巻 1 号（昭和 10 年 1 月）

いた新渡戸稲造、憲政の神様・尾崎行雄、警視庁警察犬係の萩原澤治警部、東京株式取引所理事長、宮内庁御養犬係、動物虐待防止会創立者の広井辰太郎といった各界の名士を集め、海外の最新情報や動物愛護を訴える文章などを掲載していた。ただ、日本犬に関する情報はほとんどなかった。

ここで越後柴と書かれているのは、昭和九年（一九三四年）に天然記念物に指定された越の犬を指す。指定当時から保存状態に懸念があり、地元での保存活動も盛り上がらなかった。結局絶滅への道をたどり、戦後に指定自体も取り消されている。しかしこの当時には、熱心に保存活動に取り組んでいる会員がいたのである。

・二木義孝　石川県津幡町　小会社の代表

「犬は小さい時から好きで、八つの時猟

師からもらった真っ黒の犬が犬殺しに銃殺されて、一日中泣き通した事がある。猟を始めて約十五年、その間ポインター、セッター、コッカー等使ったが、当然如き猟場及び猟法では日本犬は最上と思われる（中略）いささか純越の犬（インチキが多いので特に純を入れる）の保存改良に尽くしている次第です」

犬殺しとは捕獲人のことである。明治六年、東京府が畜犬規則を制定して以来、鑑札をつけていない「無辜の犬」は捕獲の対象になっていた。放し飼いが多かった当時、野良犬と一緒に飼い犬を殺してしまうこともあったし、その捕縛の様子から犬殺しという蔑称で呼ばれていた。この仕事に従事している人間は被差別部落出身者が多く、それが捕獲人の立場をさらに複雑なものにしていた。

・吉本謙三　静岡県　職業不記載

ハチ公が世に出たのは昭和七年（一九三二年）だから、それより五年前のことになる。そのうち父親が高齢になったこともあり、吉本謙三は老いたハチ公に後ろ髪を引かれつつ帰郷したのであった。

「それから昭和二年頃と思う。渋谷に用足しに出かけたところ、駅前であのハチ公が老いて汚くなっているのを見、秋田犬の少いことも知っていたので、菓子をやったりした。その後も渋谷に出掛ける度に見、幾度も繰り返すうちに渋谷へ行くのが楽しみになったのです」

吉本も子どもの頃からの犬好きで、仔犬を貰ってきては飼い、親に叱られてもまた連れてきて多い時には五、六頭飼っていた。友達と犬を連れて山に入り、犬たちが駆け回るのを見るのが好きであったという。中学進学のために上京すると、下宿に秋田の老犬が迷い込んできたので喜んでまた飼った。

「帰郷後間もなく保存会を知るようになり、また、伊豆には天城犬と云って猪猟にも優れた日本犬が昔はいた事も知る様になり、今では天城犬の作出に夢中ですが、天然の純天城犬は未だに見つかりません(中略)

この様なわけで犬舎号も天城と名付けました。現在牝一頭、牡二頭を飼育していますが、当地にも支部ができ愛犬家同志もっと緊密に連絡が出来る様になる日を、千秋のおもいで待っているのです」

近畿の会員から

・高野春吉　京都市下京区

茶問屋に生まれた高野春吉は子どものころから犬好きであった。

「所は水戸城下の片田舎。悪友を連れて隣村へ喧嘩をさせに行ったものである。その時分の犬が、地方で云う秋田流れとか黒の大型の様なものだった。犬が負けると自分ら同志の喧嘩になった。十八歳の向こう見ずの時代から、栃木犬と福島県境へ多休を利用して実猟のセコとして入った。そこで初めて日本犬の働きと云うものを見た」

その長い実猟経験を鼻にかけて、会員になったということである。セコとは「勢子」と書くマタギ言葉で、猟に際して獲物を追い出す係のことである。この当時はすでに、実際に犬を使って猟をする人間は減っていた。猟犬として山奥で生き残っていた日本犬も、保存活動が始まると都会に引き出され、家庭犬として生きていくようになっていたからである。

・大西八二　兵庫県揖保郡　元銀行員

大西八二の家は昔から犬を飼っていた。

「私の子供時代、純地犬なる二尺近いポチと言うのがおりました。なかなか豪胆怜悧な犬にて猫や兎を捕る事数知れず、いつも諸々より当地へ来る洋犬崇拝の猟師に憎まれがちでした。時あたかも日本犬排斥時代の出来事で、猟師の射落とした雉を、その猟師が連れてきたポインター種の犬より早く探し出して食べたところ、遂に件の猟師に射殺されました。これは未だに生々しく小生の頭に残っています」

大西は退職者なので、子どもの頃というのは明治時代だと思われる。明治・大正時代、かつては特権層の趣味であった狩猟が庶民の間でも大流行した。一尺は約三〇センチだから、二尺と言えば地面から肩までの体高が六〇センチぐらいある大きな犬である。ポチという名前や地犬という呼び方に、日本犬保存活動が始まる前の世相が感じられる。

猟犬は、イギリスから輸入したポインターとセッターが全盛で、昔からいた地犬など相手にされなかった。それなのに射落とした雉を、その猟師が連れていたポインターより先に見つけて食べてしまったのだから、この野郎！と腹を立てたのであろう。それにしても、他人の犬を射殺するとは驚きである。

・門坂勝太郎　京都市下京区　社寺荘厳品塗り金箔製造業
門坂勝太郎は近江、伊勢の国境に生まれて子どもの頃から大の犬好きであった。

「近所の猟犬、一尺八寸位の白毛の犬が毎日遊びに来るのを無二の友達として、時おり二里余りある親戚へ使いに行く際は、必ずこの犬を連れて行ったものである。その後、京都の前記の職業の家へ奉公した関係上、地方の神社仏閣へ出張の時おり、縁の下にいる野犬を見る度ごとに、生家へ遊びに来た犬の事を思い出した」


しかし仕事の関係上、犬を飼うことはできなかったのである。十数年前に一家を構えたものの、やはり生活に追われてなかなか飼うことができずにいた。ようやく三年前、念願の日本犬仔犬を手に入れることができたとある。近所の犬が毎日遊びに来て一緒に遠出したり、神社仏閣の軒下に野良犬が住み着いている様子など、犬をめぐる当時の様子が目に見えるようである。

・奥田光広　兵庫県神戸市林田区　学生

奥田光広は鳥取市の西にある山村で生まれた。祖父が犬好きで二匹の小型を飼育していた。一頭は山に行って兎や狸などをよく捕まえてきた。

「またイチという今一匹の犬は聡い犬で、村の某男が家に来る度いつも烈しく吠えていたが、その男は播州（註・今の兵庫県南西部）に出て泥棒していた男だったそうである。さらに明治の末期、祖父の代議士時代、秋田の人からゴマという仔牛ほどある大型をもらっていたが、郵便配達夫など門のところで帰っていたとの事である」

明治の末から大正時代、秋田に巨大な犬がいたという話は、昭和の初めに斉藤弘吉が秋田の古老から聴き取りをした時にも出ている。おそらく、外国人が連れてきた洋犬大型の血が入ったものであろうと思われる。奥田は現在、小型を二頭、中型を一頭飼育中で、犬舎号は故郷の因幡に因んだ因葉荘である。

・花田勝次郎　大阪市大正区　会社員

「子どもの時より犬が好きで、昭和五年よりテリヤを飼っておりましたが、去年千里山にて日本犬の展覧会がある事を聞き、家内と共に見物に出かけ、平常よりあまり犬を好かない家内も日本犬の雄々しさが気に入ったのか、飼うという事に致しまして、先年一一月手に入れ大事に育てている次第です」

花田勝次郎は、飼育は初心者のようである。当時、展覧会は人が集まるところで行なわれていたので、多くの人が目にすることができた。東京でも上野公園正門前などでしばしば行なわれている。今は社会が整備されて管理が厳しくなり、衛生上の問題もあって郊外で行なわれる。そのため展覧会が内輪の行事になって、人目に触れなくなってしまった。秋田犬保存会東京支部が、銀座や渋谷で定期的にパレードを行なっているのは新しい試みである。

中国地方の会員から

・大上輿三郎　広島県呉市　米穀商

大上輿三郎も日本犬の飼育歴は浅いようである。以前は雑種のブルテリアを飼っていて、主に荷物の運搬に使っていた。

「怜悧な犬で物品管理、子どもの番、襲撃その他正式でないまでも訓練不足のシェパードなどよりよくやりましたが、一面非常に人なつっこくて他人に愛撫されやすく、食物などにて買収されし事数度にして、遂に失踪してしまいました」

犬好きの大上は寂しくて様々な種類の犬を探したが、失った犬のことを思うと物足りない。しかし「意を決して、東京千駄ヶ谷のI氏にお願いし仔犬を入手したところ、成犬の今日未だ長大な垂れ耳です。日本に生を享けたので、その意味で日本犬には間違いありませんが、私の期待は見事に裏切られました」と嘆いた。いい日本犬が少なかったとはいえ、これは明らかに洋犬の血が濃い犬が売られたのであろう。こういうことはよくあった。「私と犬」が連載されていたのと同じ頃、「会員の声」欄に「悪い犬や」と題する投書が寄せられている。

「悪い商人にも困ったものである。日本犬熱と同時に各地一様にはびこって、ちんころを柴犬に祭り上げたり、セパード雑種を何々原産地のいつ者なりと販売してみたり、中型仔犬がポインター式に化けてみたり、これでは真面目にやっている商人はもとより日本犬の将来が案ぜられる」（『日本犬』一〇巻六号　昭和一六年六月）

投稿者は蟻塚みんぎという人で、おそらくペンネームであろう。蟻塚は数年前、雑誌に仰々しく載っている「日本犬の元祖」「取り扱った犬、概ね五万数千頭」などという宣伝文句に乗せられて、代金を前払いした。それなのに注文した犬は送られてこなかったのである。そこで警察などに行って交渉した結果、やっと犬が送られてきたものの、その犬は狆に尾を巻かしたような代物であった。しかも、すぐに泡を吹いて死んでしまったのである。日本犬保存会も帝国軍用犬協会も、こういう悪徳業者に手を焼き続けた。

・三上一郎　広島県甲立町　元銀行員で農業
「山間に仔犬をあさって生活の糧を補い、田畑山林ブローカーの副業化せるなど、いわゆる石州（せっしゅうけん）犬主産地と境を接するためか、異聞甚だ多し（中略）展覧会出陳犬を論争の中心として、日本犬鑑識上のイデオロギーに相違あるらしき点、暫時表面化の兆なきや」

三上一郎は銀行の退職者である。しかし、大正一二年に大学を卒業しているので、おそらく三〇歳ぐらいであったと思われる。三上が日本犬を飼おうと思ったのは、雑誌『農業世界』の小動物号に掲載された平島藤寿の文章を読んで、子どもの頃の記憶がよみがえったことがきっかけであった。

そこでいい日本犬はいないかと探していたら、たまたま会報『日本犬』の「誌上展覧会」に、展覧会で一席になった犬を譲渡するという広告を見かけたのである。さっそく譲り受けたのはよかったが、それが妊娠しない老犬であったというのである。こういう体験もあって、三上は日本犬を取り巻く諸般の状況を心配している。

当時は有史以来初めて日本犬の商品価値が高まっており、犬を探しまわって都会の業者に売ることを副業にする人間がいた。広島は、石州犬《せっしゅうけん》と呼ばれる山陰柴犬の本場に隣接していたから、三上も様々な話を見聞きしていたのであろう。

また、審査に関する意見の相違が激化するのを憂えて、理想の日本犬を見るまではいい意味で妥協が必要であると述べている。三上の主張は論旨明快、冷静でかつ知的である。三上は後に出征し、実際に戦地で見た軍犬の在りのままの姿を投稿している。

・寺岡環　広島県沼隈群　病気療養中

冷静でかつ知的と言えば、寺岡環の一文も印象的である。

「保存会も社団法人になったし、会自身も大きくなったが、今後は今までよりやりにくいだろう。他の既成犬種の団体と違って新興犬種であるだけに、よほどしっかりした指導方針、積極的な事業遂行がなければ犬種の発展はのぞめないと思う。地方の山奥から静かにみていると、つくづくそうした感を深くする」

他の人間とはかなり違う内容である。寺岡は尼崎の東亜セメントに勤めていた昭和八年（一九三三年）に、日本犬保存会に入会した。その後、知性と情熱の全てを傾けて活動を展開した。理論派として頭角を現し、健筆を振るうと同時に兵庫支部長、本部理事、支部展本部展の審査員に就任し、関西月例研究会の中心的存在となっていった。日本犬界初の歩様テストも試みている。

しかし短期間における情熱的な活動のためか、他に原因があったのか胸を病み、帰郷して療養生活に入っていた。それでも、第五回本部展には上京して訓練部審査員を務めたものの、翌昭和一三年（一九三八年）五月に死去している。享年三三歳。この文章が掲載されてから一〇ヶ月後であった。

日本犬保存活動に情熱を傾けながら、若くして倒れた人間は少なくない。会報『日本犬』は九巻九号（昭和一五年九月）と一〇号に、「物故功労者略伝」を掲載している。そこには吉武文人の名もある。吉武は『東京日日新聞』の記者で、昭和七年に（一九三二年）入会し、理事になった。主に催事部で活躍し、展覧会準備に奔走した。日本犬保存会第一回展覧会を銀座松屋屋上で開催できたのも、吉武の尽力によるものであった。しかし肝臓肉腫のために昭和一〇年（一九三五年）七月、三一歳で死去した。

この他、中国地方からは四国三名犬の一角、楠号の飼育者である安原俊一や、鳥取の尾崎益三も回答を寄せている。安原は岡山在住だけに、犬舎号は吉備荘である。楠号を入手した際には、月給一〇月分の大金をはたいた。尾崎益三は塩で財を成した家に生まれ、ほぼ独りで山陰柴犬の保存活動を始め、その血を今日まで繋げた功労者である。

四国の会員から

・岡本行博　高知市　栗田商店勤務

岡本行博は五三歳になってなお、在郷軍人であると自己紹介している。もはや戦地には行けない年齢であるにもかかわらずである。のみならず二三歳になる長男を亡くし、後は女ばかりで残念であると書いている。

「一家は戦場の人気者軍用犬に着目した。妻は上阪、『将来日本犬を軍用犬に使うだろう』という言葉を持って帰って来た。義兄が狩猟を好む関係上、つてを求めて妻を実家へやった。玉とトボという巻き尾達耳の犬を連れて帰った」

こういう経緯で日本犬を飼うことになった岡本家だが、その後すっかり熱中した。

「二頭の犬は一家の人気者となり、私は毎朝夕運動に連れて行く事を楽しみにしていたところが、トボは柳原に連れていくと決まって、北の山を見て悲壮な声を立てるのである。ある日トボがいなくなった。心当たりをさがしたがわからない。山へはすぐに手紙を出したが来ていないという返事」

しかし、それから七五日後、トボが骨と皮になって戻ってきたという手紙が来たのである。岡本の妻は、二頭の犬を遠くから車で連れてきたというから、トボは大変な苦労をして戻ったと思われる。岡本は「代金はいいから、大切に飼って欲しい」と返事を出した。トボは見た目は今一つであったが、古武士の如き精神の持ち主であったと岡本は賞賛している。そして、今や犬に明け暮れる毎日で持病も治り、健康な体で銃後を守っているそうである。

・河野升栄　高知県須崎町　酒類販売業

「時局の反映として澎湃と起こった国粋主義思想の表われとして、日本精神のシンボルとでも言うか、日本犬の飼育熱の旺んになったことは実に、わが日本犬のため御同慶の至りと存じます。しかし過去において洋犬飼育流行さかんな時代には、日本犬は全く忘却されがちであったのを見逃す事は出来ません」

「将来もまた流行を追う好き者連中には、日本犬も再び忘れ去られる時代が来るかとおもわれますが、その秋こそ数は少なくとも、全国に散在する日保会員だけでも祖国の日本犬のためにさらに開拓に、努力されん事を願うものであります」

河野升栄は愛犬を、昨年の本部展で文部大臣賞を受賞した四国犬のゴマ号と交配させている。出産したら、犬舎号を国粋園とでもしようかと考えているとのことである。

・山口常助　愛媛県宇和島市　宇和島中学四年生
「昨年七月に、北宇和島郡明治村の親戚から牝の仔犬をもらってから、日本犬でなくては夜も日も明けなくなりました。その犬はテツと名づけましたが性質荒く、鼠をとる、池の鯉をとる、猫を殺す、放たれるとすぐ営林署へ飛んで行って、そのところに飼ってある猪の檻を破り出す。といった有り様で、遂に家庭会議の結果勉学の妨げになると言うので、涙をふるって十一月に明治村へ預けました」

まだ十代の山口常助の文章は若々しい。その後、九月に友人の犬との間に仔犬四頭を出産したので、今はその成長を楽しんでいる。登録もする予定とのことである。四国からはこの他、四国三名犬の一角、楠号を本川村の猟師から譲り受けた小学校長の大角勝太郎、同じくゴマ号を山奥の漁師から購入した医師の岡崎真積、同じく長春号の血を戦後につなげた古城九州男、日本犬好きが高じて、山へ入っては犬を引き出すのが副業になった北村卯之助などが一文を寄せている。

九州の会員から

・岩田一郎　宮崎県延岡市　会社員

岩田一郎は大正一一年に早稲田大学を卒業し、旭ベンベルグ延岡工場に勤務している。種類も性質も様々な多くの犬を飼ううちに、犬嫌いであった夫人もすっかり犬好きになったということである。

「昭和九年の春、当時飼っていたテリア種牝の発情を追って来た十数頭の犬の中で、友人が能登から取り寄せた純日本犬一頭が、その勇姿の見事さ、礼儀の良さにおいてがぜん光っておりました。それから生まれた仔犬の中に、たった一つ父犬そっくりのが生まれ、日がたつにつれ幼いながら日本犬の気概を示し、その姿、その気魄ともに全く頼もしいものになりましたが、六ヶ月にして本当に少しの油断から犬泥棒にさらわれ、手をつくしたが駄目、ちょうど大津地方では日本犬の勃興しかけた頃です」

能登から取り寄せた純日本犬ということは、越の犬であったと思われる。この頃、犬の盗難は本当に多かった。この仔犬は見た目も良かったようだから狙われたのであろう。売るために盗んだと思われる。同時期の会報にも、盗難の体験記が掲載されている。一〇号五号（昭和一六年五月）に四国の会員、室井孝が投稿した「盗難クマ号」である。

室井は、「クマ号は去る三月十一日午前十時頃、私の不注意のため盗まれました。これも私の不徳からでいたしかたもありません。いまさらながら後悔しています」と沈痛な思いを記している。クマ号は三年前に買い入れられた徳島を代表する犬であった。熱心に保存活動に取り組んで来た会員たちが八年間にわたり、徳島を隅々まで調査して発見した犬であったのである。香川支部を設立し、クマ号を種犬としていい犬を作出すべく準備していたところであった。

室井は、この盗難は売るためのものであろうと推測している。「いずれ犬取引商の手によって、都会に出たものと思っています。もしかクマ号が会員諸氏の手にはいっていましたら、はなはだ迷惑なれど、香川支部のためにお知らせ下さいますようお願いする次第です。なお、会員以外にクマ号飼育なされている方がありましたら、恐れ入りますが御知らせくださいさい」と必死に訴えている。

・楠田泰　福岡県久留米市　配属将校

「軍人ですが出征の機到来せず、学校の配属として服務中。北支や上海に夢が飛んで仕方がありません」

楠田泰は学校で軍事教練を担当する配属将校で、職業軍人である。当時の子どもたちの証言によると、配属将校はとても恐い存在であった。軍の威光を背景に校長より強い力を持ち、校内に睨みをきかせていた。しかし実は、配属将校というのは窓際的な不名誉な立場であったのである。それでよけいに威張り散らし、生徒たちに八つ当たりしていたという話もある。そんな楠田も犬をこよなく愛し、三頭の日本犬を飼っていた。

・金子明史　福岡県小倉市　商社社員

配属将校の楠田に劣らず、軍国主義一筋なのが金子明史である。「身体性格陸軍標準規格に合格、騎兵科に入隊」と自己紹介しているぐらいである。子どもの頃から動物、特に犬と馬が大好きで、今は中型の雄と雌を一頭ずつ飼っている。「牡は日本犬はよろしく皇国軍人のごとくなるべしとの理由により、忠勇号と命名す（秋田産中型五歳）、七月死亡せしピカ一陸軍号（中、牡、四歳）は入手時、既に一号の名ありき。次回入手の分に対しては無敵海軍と選名しおけり」と猛烈である。金子はこの後に出征し、戦地からたびたび会報「会員の声」欄に投稿している。

・高比良幸吉　大分県別府市　元三菱商事社員

高比良幸吉はかつて洋犬を飼育していたが、何となく物足りない感じがしていた。そうこうするうち、「たまたま先年、東都において有名なりし故上野博士の愛犬ハチ公の逸話に心を打たれ、以来秋田犬に興味を持ち、漸くにして秩父宮殿下台覧を賜りし愛国号の仔犬牡（大館産、昭和十年十二月生）を手に入れ忠公と命名」

その後さらに交配のためにもう一頭入手した。この二頭は番犬として大いに役立ち、夜は寝室の外側で忠実に家を守っている。高比良はこの習性に非常に心惹かれている。ハチ公の忠犬物語が、社会に与えた影響の一端がうかがえる。

・夏初雄　熊本県大草郡　炭坑会社勤務

夏初雄は小学校の二年生ぐらいの時、学校の門前にある溝の中を這いまわっていた仔犬がかわいそうで拾って帰り、祖母や母が反対するのを押し切って飼ったことがある。その犬は非常に利口で、何も教えないのに荷物を見張ったり持ってきたりする。上手に泳ぐし、誰もが驚いて目を見はったぐらいであった。夏の喧嘩相手も、その犬のいる時は手出しができなかった。

「今考えてみるとその犬は当地方の日本犬で、黒一枚の頑丈な犬でした（中略）その頃、日本犬は山犬と言って、皆が軽侮して顧みる者もなかったのは御他聞にもれずですが、私が独立して再び犬を飼いたいと探した時は、山犬の純なものは一頭もいなくなっていました」

夏は明治三二年生まれの四〇歳である。夏が仔犬を拾ったのは明治の末であろう。以後、夏は様々な洋犬を飼ったが、昔の黒犬に及ぶ犬はいなかった。そんな時、会社の重役で紀州出身の人が紀州犬を探し出してくれるということになった。そして待つこと三年、ついに紀州の白犬を入手でき、もう一頭増えて、今は二頭飼っている。

「私の犬二頭を除いては、当地には日本犬の純血なのはおりませんから、大いに繁殖を計り紀州系の産地としたい大望を抱いております」

・小池勝五郎　長崎県長崎市　製材業

子ども時代から犬好きであった小池勝五郎は地犬が欲しくてたまらず、昭和七年（一九三二年）に郷里山口の片田舎から黒い猪犬を探し出して飼ったが、ジステンパーで死亡。次に雄雌二頭を入手したものの、雌は逃走してしまった。その後も秋田から次々に仔犬を買って繁殖を試み、やっと四頭の仔犬を得て希望者に譲っている。長崎に秋田犬を普及させるためである。また、五七歳の小池は日露戦争に従軍した経験があり、日本犬ではないが犬に関する面白い逸話を次のように書いている。

「日露の役満洲に出征中、ポインター種か白色斑点の牡犬が一頭迷い込んできました（露兵の犬ならん）中隊長櫛山大尉は大の犬好きで、凱旋の際小倉十四連隊に連れ帰りましたが、やたらに地方人に吠え付いて閉口した記憶があります」

日露戦争の話が出てくるとは驚きである。しかし考えてみれば、昭和一二年（一九三七年）は日露戦争終結から三二年しかたっていなかった。平成の終わりから昭和の終わりを思い出すようなもので、まだその記憶は生々しく残っていたのである。こういう体験談に接すると、はるか歴史の彼方に思えた日露戦争が、小池の思い出話を通して現代につながってくる。過去と現在、そして未来が地続きであることを実感する。

そういう体験をした日本人がいて、その延長線上に今の自分がいる。誰しも、何の脈絡も背景もなく突然生まれ出てきたわけではない。誰もが歴史の中に生きていて何かを背負っている。筆者が拙著を書くことによって、未来の誰かに先人の体験が伝わるかもしれない。

朝鮮・満洲地方の会員から

数は少なかったものの、当時「外地」と呼ばれた占領地域在住者にも会員はいた。彼らは日本犬を入手するのに苦労したし、悪徳業者に騙されることも多かった。内地なら前述の蟻塚みんぎのように、警察に掛けあって解決できることもあったろう。しかし外地であるとそういうわけにはいかない。一瞬で連絡がつく今日とは全く違う社会であったのである。外地で日本犬を飼うのは難しかった。

・杵屋六兵衛　釜山府　職業不記載

「日本犬はなかなか育てにくいと聞いていますので、当地でも好きな人があっても海一つ離れている事とて入手困難なので皆ためらっていますが、思い切って生後六十日の仔犬を東京から送ってもらい、また十一月の寒さに向かう時期だったので、日本犬は座敷で飼うものではないという反対を押し切ってとうとう家内で育ててしまったので、未だに座敷にいます」

杵屋六兵衛は日本犬だから強そうな名前がいいと思い、仇討ちで有名な鎌倉武士の曽我五郎に因んで五郎と名づけた。しかし後で、雌だということが判明したのである。でもそのまま五郎という名で飼い続け、街の人気者になっている。女性たちにも洋犬より人気があるそうである。

・岩橋恒二　満州国新京　鐘紡に勤務

「日本犬を愛す。日保創立以来欣喜斎藤弘氏の熱言を聞き今日に至る。今は眠る数々の愛犬の中、かつての犬鳴瀧イチの仔犬二頭あり」

鳴瀧イチ号は、伝説的な紀州三名犬の一角である。岩橋恒二はすでに中学生の時、大阪で開かれた共進会に犬を連れて参加したほどの犬好きであった。日本犬は岩橋の犬一頭だけで、関心を持つ観客は少なかった。その後、獣医学を学ぶために東京に出て日本犬保存会の展覧会に行き、斉藤弘吉と初めて話をして、若年ながら役員となっている。この当時は満洲に行っていた。後に紀州犬保存活動における中心者の一人となる。

以上、『日本犬』に連載された「私と犬」から、会員の横顔を一部紹介した。多頭飼いの会員が多いことがわかる。わざわざアンケートに答えて文章を送ってきたのは、繁殖にも取り組んでいる熱心な会員であったのであろう。実際には、一頭を黙々と飼っている会員も多かったと思われる。

◉職業は様々、洋犬の飼育者も

また、会員には様々な職業の人がいる。サラリーマンもいれば自営業、農業、軍人もいる。訓練に熱心な人もいれば愛玩犬にしている人もいた。日本犬の飼育者は職業を問わず、様々な層に広がっていたことがわかる。ただし、登録して畜犬税を払って日々の面倒を見るのには、それなりの経費がかかる。ある程度の生活水準でなければ難しかったであろう。

中には洋犬と両方を飼っている人もいる。とにかく犬が好きで日本犬も飼っている人と、日本犬が一番であるという人との両方が存在した。またジステンパーの予防ができなかった当時、仔犬のうちに死ぬことも多く、何度飼ってもうまくいかずに挫折することも少なくなかった。

それにしても様々な文体があるものである。少なくなったとはいえ候文もあり、近代日本語の土台である漢文読み下し文から、今の日本語に通じる言文一致の文章もある。この頃は日本語表現が多様であった。これら会員のかわいがり方は今の犬好きと変わらない。しかし日本全体では、いい加減な飼育による繁殖で多くの野良犬が生まれ、駄犬、悪犬として悲惨な運命をたどっていた。人間も犬も大きな格差の中で生きていたのである。

この年の秋、創立者の斎藤弘吉が第一線から退くことを表明した。「保存という当初の目標は一応達したので、これからは研究に専念したい」ということであった。しかし、理由はそれだけではなかった。斎藤は戦後、面倒な人間関係が嫌になったと事情を明かしている。斎藤の表明を受けて、平島藤寿は「専務理事斎藤弘氏の引退を惜しむ」という一文を書いている。斎藤の個人的研究が成果を上げることを、大いに期待するという内容である。しかし、平島は「氏の今日保存会に在るは、丁度日本家屋における大黒柱とも言うべきであって、これを除去することは至難な事である」（『日本犬』六巻一〇号、昭和一二年一〇月）と書いている。そして一日も早く研究を完成し、再び日本犬界のリーダーとして復帰することを望むという言葉で結んだ。

◉国家総動員法施行

昭和一三年、日中戦争が激化して国家総動員法が公布され、配給制度が始まった。国家総動員法は総力戦

昭和13年（1938年）はこんなできごとが

ドイツ、ミュンヘン会談でチェコのズデーデン地方併合に成功
国家総動員法公布
東京オリンピック開催返上
毛皮が国の統制下に置かれる／犬の供出への第一歩
北支那派遣軍へ、白和号など五頭の日本犬を献納
京阪沿線の長岡競馬場で、日本犬訓練協議会開催
秋田犬四頭が弘前第八師団に入隊、出征
朝鮮総督府、珍島犬を天然記念物に指定

遂行のため、全ての人的物的資源を政府が統制することを可能にするものであった。そして商工省が皮革配給統制規則を制定し、あらゆる皮革が国の統制下に置かれた。これがやがて犬の供出につながっていく。

国家総動員法は国民精神の総動員もはかった。夏の甲子園大会はこの年から軍国主義一色になり、蔦のからまる外壁には「国民精神総動員」「遂げよ聖戦」「起こせよ東亜」という垂れ幕がかかった。大会はファンファーレではなく進軍ラッパによって始まり、投手の交代は禁止され、武士道精神の選手宣誓が行なわれた。この時に宣誓した静岡県掛川中学校の村松主将は、昭和一九年（一九四四年）グァム島で戦没している。

◉『動物文学』と検閲

平岩米吉が主宰する『動物文学』では、一月に動物随筆大特集が組まれ十数人が執筆している。冒頭に掲載されたのは室生犀星の「懸巣《かけす》」であった。前年の夏、室生が信州に滞在している時に地元の炭屋から譲られた、カケスの成長記録である。戦争中であることを忘れるような、ほのぼのとした文章であった。しかし、ページをめくると、ほぼ二ページ半にわたって白紙になっており、そこには「謹告」があるのみである。「十二月十五日突発二十二日解禁の事件により、動物随筆集のうち、某氏執筆に関する部分は校了間際に置いて全部削除のやむなきに至りました（本文二九ページ五行より三一ページ下段一五行まで、凡そ七〇行）誌共諸兄の御諒想を乞う次第です（編集部）」というものである。

片野ゆかは、『昭和の愛犬王　平岩米吉伝』（小学館）で、その事情をこう説明している。

「実は編集作業中の前年一二月、人民戦線事件が起きて左翼が一斉検挙された。室生犀星の次に載るはずだった原稿を書いた人間も、その時に逮捕されたのだ。平岩にとっては誰もが動物を愛する仲間であって、思想傾向は関係なかった。次第に戦時色が強まっていく中でも、動物文学会の例会や談話会は盛況だった」

そういう時代であるからこそ、動物を愛する人々が集まってきたのであろう。しかし、『動物文学』にも、時代の波が押し寄せてくる。物資が不足して配給制になり、紙の確保も難しくなった。仕方なく平岩は書店配本を減らし、郵送中心に切り替えた。太平洋戦争開始三年前の時点で、ここまで物資が不足していたことに驚く。

◉秋田犬、北支那派遣軍に献納

昭和一三年の七月には、秋田犬が北支那派遣軍の要請よって献納されている。普通、軍犬は軍が買い上げるものであった。献納とは要するに寄贈である。軍犬には適さないとして、対象から外されていた秋田犬に

秋田犬晴れの應召

秋田　平泉榮吉

弘前八師團司令部淺川部隊本部から大館の秋田犬保存會宛に秋田犬を軍用犬として獻納されたしと通牒があり、同會では獻納申込秋田犬十二頭を推選した。八師團獸醫部より部員明石獸醫中佐が大館町へ出張、十二頭中より左記の四頭を嚴選し、いよいよ七月八日午後二時半迄に弘前市八師團司令部へ入隊するよう召集令狀が到着した。よつて同會では同日午前十時大館町神明社で獻納奉告式と武運長久祈願祭を兼ね行つた。神官の祝詞も胸間の赤襷も、どこからどこまで應召勇士なみの扱ひだが、行儀の惡いこの勇士達は、祝詞奉上の間にも横を向いたり愛嬌たつぷり、祈願を終り、干するめを頂いて記念撮影の後、四頭に贈られた幟旗小旗、日章旗等二十數旒に圍まれて町内を行進、驛前の先輩ハチ公銅像を横目に睨んで主人や見送りの會員等と乘車、ホーム迄見送りの多數の國防婦人會員の日の丸手旗を名殘りに正午歡呼を浴びて出發した。

弘前驛頭で日保會員等の出迎を受け、「祝出征」の幟を押し立て、日の丸の旗をかざして勇ましく出征風景を畫いて師團司令部へ着いた。三時より軍用犬十頭（左記四頭の外、セパード六頭）の獻納式が行はれた。明石中佐は擧式を告げ、獻納申出者並に獻納犬の報告、それより弘前軍用犬會長の獻納の挨拶、次いで、秋田犬保存會長平泉榮吉氏の秋田犬獻納の挨拶、それより淺川部隊長の受領謝詞に兼ね、國産資源の活用とあつて八師團管内に產する秋田犬を軍用犬として始めて採用した旨を申された。式終了後、記念撮影なし、直ちに入營軍犬訓練を受けて近日中海を越へて第一線に行くことになつた。

工號（大型牡）工藤圭逸氏
勇號（同）平泉榮吉氏
四ツ車號（同）加賀［illegible］治郎氏
晴號（同）越前新吉氏

献納

秋田犬を軍用犬として献納したことを伝える、秋田犬保存会会長・平泉栄吉の投稿。

出所：『日本犬』７巻８号（昭和13年８月）

献納の声がかかったのは、とにかく軍犬が足りなかったからである。しかし、日本犬界はこれを快挙として受け止めた。

秋田犬保存会二代目会長の平泉栄吉が『日本犬』七巻八号（昭和一三年八月）で、「弘前八師団浅川部隊本部から大館の秋田犬保存会本部宛に、秋田犬を軍用犬として献納されたしと通達があり、同会では献納申し込み秋田犬を十二頭推薦した」（「秋田犬晴れの応召」）と伝えている。その後、八師団から明石獣医中佐が大館町にやってきて四頭を選び、「七月八日午後二時半までに入隊するように」という令状が来たのである。

四頭の入隊当日、秋田犬保存会は大館町神明社で、献納報告式と武運長久祈願祭を一緒に行なった。赤襷をかけた四頭は干するめをもらって記念撮影を行ない、多くの旗や日章旗に囲まれて町内を行進。駅前のハチ公像の横を通って飼い主や見送りの会員らと乗車し、正午、国防婦人会の婦人たちが振る小旗に送られて出発した。

弘前に着いた四頭は、駅前で日本犬保存会会員などの出迎えを受け、「祝　出征」の幟《のぼり》を押し立てて第八師団司令部に到着した。そして三時から、シェパード六頭と共に献納式が行なわれた。そこでは弘前軍用犬会長と平泉会長の挨拶があり、浅川部隊長から「国産資源の活用として、八師団管内で生まれた秋田犬を採用した」との言葉があった。この四頭は間もなく大阪に到着した。大阪在住の日保会員、林田治三郎は友人からそれを聞いて見に出かけている。自転車に乗って急いで仮訓練場に行くと、すでに黒山の人だかりができていた。訓練はちょうどクライマックスに差しかかっていた。林田はてきぱきと行なわれる訓練に感心している。

かつて日本犬は軍用犬に向いていない、訓練もできないと一部でみなされていた。しかし今、そんな偏見を打破して大陸に向かおうとしている。林田は意気軒昂で、「戦は長期だ。我が国策に沿って役のない犬はどしどし捨て去るべきで、国内にある犬はことごとくいつでも使役犬として軍用犬として資格あるようにしておき、軍部のお需めに対していつでも応じられるよう仕立ておいていただきたい」（林田治三郎「訓練日本犬日本犬の出征を見送りて」『日本犬』七巻一〇号、昭和一三年一〇月）と決意を表明している。

第四章　帝国議会に登場した犬猫不要論

山奥で猟をしながら生き延びてきた日本犬は、突然脚光を浴びて国犬になった挙げ句、軍犬として戦場に向かうことまで期待されるようになった。林田の言葉の中で見逃せないのは、「我が国策に沿って役のない犬はどしどし捨て去るべき」というくだりである。かつて共同体と緩くつながり、子どもの遊び相手などをしながら何となくそこにいることを許されてきた日本の犬は、役に立つかどうかで振り分けられることになったのである。

『日本犬』には林田の寄稿が掲載された号から、「時局犬談」という対談形式の匿名記事が、随時連載されるようになった。日中戦争下、日本犬はどうあるべきかという内容である。そこでは、軍犬として役立てば犬種を問わなくていいのに、軍用犬協会が三種に限定し、日本犬を除外していることへの不満が語られている。

なお、出征した秋田犬のその後を知らせる手紙が、前線に向かう鷲津部隊の堀井部隊長から昭和一三年（一九三八年）八月二〇日付で、秋田犬保存会に届いている。そこには日々訓練に励んでいること、しかし、我が国はまだ軍犬資源に乏しく、諸外国に遅れをとっていることが記されている。そして最後、「願わくは民間愛犬者諸君の御尽力により向後真に軍民一致、いわゆる軍犬報国の実を挙げ得るよう、一層の御後援と御高配のほど御願い申し上げ候」という言葉で締めくくられている。

さらに九月二三日付の『東京朝日新聞　秋田版』には、「あの耳あの尻尾で颯爽秋田犬前線へ　誇る堀井部隊の勇士」という見出しのついた記事が掲載され、「シェパードのように機敏ではないが、体力の頑健さと執拗さにかけては天下一品です」という、秋田出身の軍犬班池田順次軍曹の言葉を伝えている。続いて九月二五日同紙には「奇襲する敗残兵団『秋田犬』が忽ち発見　今田部隊散々に撃破」という見出しで、秋田犬の活躍が伝えられた。二〇日朝、天津の西北約一五キロの地点で、警備中の今田部隊に対し、突如約二〇〇人の集団が晴天白日旗を翻して襲撃し、包囲しようとした。

◉献納秋田犬の現実

満州事変記念日前後（昭和一三年〔一九三八年〕九月一八日）ということで警戒中であった郷土兵は、その直前に軍用電話線が切断されたことと、初めて連絡用に出動させた秋田犬が異様なうなり声をあげたことで、襲撃を察知して対応することができたと書かれている。その後昭和一三年（一九三八年）一〇一八日付で藤田部隊から、任地到着の挨拶を兼ねた現況報告が秋田犬保存会に届いた。

前掲『東京朝日新聞　秋田版』よると、献納された四頭はよくやっているが、「然れども軍犬として軍用に供するまでにはなお相当の訓練を要するものと存候」という、率直な感想も記されている。そして今後、放畜を厳禁すること、生後三ヶ月から初歩の訓練を開始すること、生後六ヶ月までには素質と能力を検査し、素養のある犬を選定すること、食事前の訓練を怠らないこと、そして運動は規則的に実施して習性とすることの五点を要望している。

この献納犬は実際どうであったのか、

犬の訓練

「訓練の一科目」と題した口絵写真。撮影者は北海道の安達一彦。帝国軍用犬協会札幌支部長でもあり、日本犬の訓練に熱心に取り組んでいた。
出所：『日本犬』７巻６号（昭和 13 年６月）

後に『愛犬友』主催の座談会で、次のように実情が明かされている。「湯沢と秋田は三〇里離れているんですよね。それをあの献納した犬が三〇里湯沢まで逃げてきた」（「日本犬座談会　故・京野兵衛門氏を語る2」『愛犬の友』平成元年二月号）というのである。ならば、四頭とも連隊に無事到着したというのは嘘であったのか。

また、訓練もうまくいかなかったらしい。後輩である岡田睦夫の「訓練は日本犬はよく入るんですか」という質問に対して、戦前からの秋田犬飼育者である高橋一郎は「ここの角度がね・・・（腕）」と答え、石橋為次郎は「飛び越すとダメ。内蔵がいかれてしまう、内蔵にきちゃう、内蔵が全部いかれちゃったそうです。シェパード犬のようにクッションがないから、ガクンと内蔵にきちゃって」と答えている。秋田犬は腕にクッションがないから、跳躍訓練をすると内蔵を悪くしたというのである。確かに、あの体格は跳躍には向いていないのであろう。

◉使役犬としての日本犬

しかし、日本犬界は強気であった。『日本犬』で連載が始まった「時局犬談」一一回目では、「軍用犬などともてはやされてはいるが、シェパードには駄犬が多い」と言い、軍犬報国をもじって「駄犬亡国だ」と述べて溜飲を下げている。「どの種類だって駄犬を飼う必要はない。駄犬を飼う人は今日限り撲殺して貯金せよ」という、ちょっと驚くような言葉も見える。敢えて兆発的な表現をしているのか。

最後は「とにかく世の中から駄犬を一掃するよう心がけてくれたまえ」という発言に対し、「そうだ・・・しかし世の中から全然無駄が排除出来るだろうか。もし出来たとしたら淋しいことではないだろうか」（『日本犬』七巻九号、昭和一三年九月）と、疑問を呈する形で終わっている。保存運動が始まるまで、日本犬は駄犬として軽んじられていた。それが国犬に格上げされたとたん、今度は駄犬一掃を口にする側に立つようになった。最後の言葉には、そのことへの戸惑いも感じられる。使役犬至上主義の時代になって、訓練という言葉が合い言葉になり、この年の四月には訓練競技会も開催されていた。

こういう雰囲気の中、新宿中村屋二代目社長の相馬安雄が日本犬保存会の東京支部一一月例会で、「使役犬としての日本犬の将来」という題で話をした。昭和一三年(一九三八年)は、アメリカから盲導犬が初来日した年であった。盲導犬という日本語の名付け親は、日本シェパード倶楽部の理事から帝国軍用犬協会に移った中根栄である。中根は電通の前進である日本電報通信社の重役であった。来日した盲導犬は帝国ホテルが宿泊を許可し、陸軍第一病院でも講演が行われた。お陰で認知度も上がり、盲導犬輸入計画も始まった。相馬も中根らと一緒に、そういう動きの中心にいた。

相馬は言う。ドイツの田舎で羊飼いに飼われていた牧羊犬が、警察犬や軍用犬、あるいは盲導犬として活躍する優秀な使役犬になっていったのはなぜか。それはシュテファニッツが牧羊犬の将来を見据え、都会で飼育されて全ての階層に愛されるために、作業対象を拡大しようと考えたからであった。日本犬も都会に連れ出された以上、そういう方向を模索すべきである。

◉日本犬は家畜化されてこなかった

相馬安雄は「たとえ日本犬が日本在来の犬、真に日本の犬だなどと言ったとことで、それは単なる独善に過ぎないのであって、いつかは必ず無用長物犬に堕し衰微凋落の日が来ることを予想します」(会報『日本犬』八巻一号、昭和一四年一月)と率直に懸念を語った。相馬はさらに「日本犬保存会という名は創立当時、犬種の滅亡を救おうという意図から名づけられたものと思うが、もはや会名の通りであってはならない。これからの使役犬という新しい犬を作り上げる意図を持った会でないと将来の発展は考えられない」と述べた。この話は日保内に波紋を広げた。しかも、相馬の発言から八〇年後の今日、少なくとも紀州犬や北海道犬などの中型に関しては、相馬の懸念が的中している。

しかしこの時、たとえ日本犬保存会が使役犬を目指したとしても、実際には保存活動が精一杯で実現は難しかったのではないか。そうこうするうちに他犬種が使役犬として活躍するようになって、日本犬の出番はなくなった。それより何より、日本犬は猟犬以外の使役犬にはあまり向いていないように思われる。実際に飼っている立場から見ても、日本犬はあまり集中力が続かないし、気が向かないと言うことを聞かない。誰にでもなつくわけではないし、気ままに生きている。また飼い主もたいていは、そういうところが気に入っている。こういう日本犬の気性は、長く自然のままに繁殖してきて、家畜化がなされなかったからであろうと言われている。

麻布大学獣医学部の菊水健史は、『日本のイヌ　人と共に生きる』（東大出版会）の中で「欧米では動物はある種、道具的であり、その行動や特性を、選択交配することで操作することには抵抗がなく、役立つイヌの作成が進んだのであろう。このことが、欧米におけるイヌの家畜化を加速させ、最終的にはオオカミとの距離も大きくなったことにつながる」と書いている。同学部の外池亜紀子によれば、犬は今日のような存在になるまでに二つの段階を経たという。一つ目は、狼から犬へと家畜化された段階（七〇〇〇〜五〇万世代前）、二つめは犬種を作成するため、人為的にコントロールされた選択的繁殖の段階（五〇〜一〇〇世代前）である。

◉会報に「戦線頼り」登場

日本犬はこの二つ目の段階を経ていない。つまり、ヨーロッパで一九世紀に起こったケネルクラブの設立にともなう過激な人為的繁殖を、地理的文化的に隔絶されていたために免れた。それによって、より原始に近い形と気性が残ったと考えられる。より良い日本犬の作出と固定化をめざした日本犬保存活動が、日本の犬に加えられた初めての改良であった。

さて、昭和一三年になると日中全面戦争の拡大で、会報『日本犬』も次第に時局を反映するようになった。七巻五号（昭和一三年五月）には「戦線便り」というページが登場している。召集令状が届いて、会員たちも次々に中国大陸へ出征していた。出征して北支に行った会員からの、候文による寄稿もある。例えば「北支は至るところ犬多く、全部が中型犬のように見受けられ申し候。昨年より本年にかけては犬の当たり年とでも申すべきか、人馬の死骸無数にて犬は無心に上等死肉を鳥と一緒になり貪り食い居る有様に御座候」（順徳陣中にて　下元部隊　陸軍少佐　今井建己　一月九日）というものである。犬が鳥と一緒になって人馬の屍肉をあさる、戦場の凄惨な様子がうかがえる。北支とは、中国大陸北部に対する当時の呼称であった。中支は中部である。

また、「初めて見る支那、その生活風俗実に珍しき風情あり」（臨清にて　柏崎部隊　佐々木大祐　一二月三〇日）や、「支那には支那犬がいる故、暇さえあれば支那犬の観察を致しております。御誌日本犬も宅より送付してくれますが、大変面白く拝見させて頂いています」（南支より　小笠原部隊　井上正司　一一月）など、戦場で会報を楽しみにしている会員の姿が目に浮かぶ。

◉日本における犬皮利用

さて、間もなくそれを大義として犬が撲殺されることになる皮革利用であるが。日本人は昔から犬の皮を主に防寒用に利用してきた。これについては今川勲著『犬の現代史』（現代書館）に詳しい。それによると、犬皮は大鎧や太鼓、三味線、足袋、鞠《まり》など様々な物に使われていた。三味線と言えば猫の皮という印象があるが、安物には犬皮が使われていたのである。こういう需要に応えるには当然、供給する者が必要である。野犬、時には徘徊していた飼い犬を狩り集めたり、犬の死体を駆り集める人間たちである。彼らは「犬取り」「犬拾い」などと呼ばれ主に非差別民であった。特に上方、つまり関西に多かった。こういう犬の撲殺が明治に入ると、畜犬規則によって公的に行なわれるようになる。

警察に委託されて犬を撲殺するのは、人夫頭の下で働く人夫たちであった。報酬は人夫頭が半分ハネるから、残りを人夫たち数人で分ける。人々から嫌われるし、割に合わない仕事であった。その代わり死骸は無料で下げ渡される。彼らはそれを売って生活の足しにしていた。毛皮は白が一番高く売れ、赤、黒と続き、斑が最も安物とされた。毛の長いものはそのままさらして加工し、人力車の背覆いなどに使われた。

実際には毛を抜いた皮の方が流通量も多く、多方面に利用されている。染めてまがい物として利用され、安物の鼻緒やタバコ入れなどになった。後は三味線である。三味線には太竿、中竿、細竿という種類があり、猫や犬の皮が使われた。犬の皮はほとんどの太竿と中竿、そして細竿の下級品に使われた。量的には犬皮の方が多かった。

◉犬の肉も食べられた

昭和14年（1939年）にはこんな出来事が

ドイツがポーランドに侵攻、ヨーロッパで第二次大戦が勃発

中国で戦線が停滞　ノモンハン事件起こる

国民徴兵令公布

「贅沢は敵だ」というスローガンが登場　白米禁止令が出される

石油不足で木炭自動車が走り出す

商工省の監督下で日本皮革統制株式会社が発足

一方、皮を剥いだ後の肉も利用された。建前では身を煮て肥料や飼料にすることになっていたが、それだとわずか五、六銭にしかならない。しかし、犬肉専門の仲買人に売れば、赤肉は一斤一五、六銭、他のものでも三銭ぐらいでさばけた。仲買人に渡った犬の肉は、細民街と呼ばれていたスラム街の露店、例えば焼き鳥屋、牛の煮込み屋などで売られた。犬肉は馬肉屋でも売られた。スラム街の馬肉屋では、馬肉を三分の一混ぜたものを牛肉として、犬肉を三分の一混ぜたものを馬肉として売るのが当たり前であった。

明治時代、東京にはいくつかの大規模なスラム街が形成され、そこに芸人や娼婦、日雇い人夫や行商人の家族たちが集まり、最下層の都市細民として暮らしていた。明治も後半になると、こうした社会問題への意識が高まる。そして、松原岩五郎の『最暗黒の東京』（講談社学術文庫）や横山源之助の『日本之下層社会』（岩波文庫）といった、体当たりのルポルタージュが出版されて話題を呼んだ。変装した新聞記者が、細民街に潜り込んで取材したものである。当時の記者たちのジャーナリスト魂には脱帽する。

◉軍と犬皮

今の人間がこれらの本を読むのには勇気がいる。臭いがしてきそうな真

に迫る描写なのである。特に食生活の状況は凄まじい。スラム街では、軍や山の手や繁華街から残飯を集めてきて、それを洗い直して売る残飯屋が繁盛していた。残飯と言っても、今の私たちの食べ残しとは違う。明治時代、軍は白米が確実に食べられる場所で、かなりいい食べ残しが出た。だから細民街は駐屯地の近くに形成されていた。とは言っても残飯には変わりない。

軍も犬の毛皮を大正時代から利用していた。しかし、明治の初めに出来上がった犬皮の生産・製革、そして集荷・小売りの仕組みは、一部に警察が介在してはいたものの、基本的には市場原理で動いていた。それが昭和一三年（一九三八年）、国家総動員法によって国の統制下に置かれたのである。統制経済の始まりである。

理由は物資の不足である。日中戦争によって牛馬や羊、鯨皮の供給が滞ってしまった。作業に携わる者も次々に出征して担い手もいない。市場が崩壊状態になって、供給が全く追いつかなくなったのである。そこで犬皮も、貴重な資源として国が管理することになった。こうして事態は急速に悪化していく。

◉商工省、皮革を統制下に置く

日中戦争二年目の昭和一四年（一九三九年）、戦線は停滞して長期化の様相を示し始める。物資の不足も深刻化してきた。商工省は皮革を統制下に置くため、日本皮革統制株式会社を発足させた。製皮業者が生産した原皮はこの会社に集められ、商工省の監督下で配給されることになった。この措置が、皮革を主に取り扱っていた被差別部落の人々に与えた影響については、今尾ひろ子の「戦時経済統制と皮革産業」（『部落解放研究』第五六号、部落解放研究所）という論文がある。

皮革の市場価値は高騰し、毛皮と肉を取るための犬泥棒が頻発して、日本犬保存会の会員もしばしば被害にあった。商工省は犬だけでなく、各種の野獣や海獣の毛皮も片っ端から集めた。犬をめぐる状況はじりじりと悪化していった。商工省の統制が始まると、一部の国会議員や官僚から、無用犬＝ペットの毛皮供出を求める声も出てきた。米不足による節米運動も始まり、「無駄飯を食む駄犬」に敵意が向けられるようになる。そして翌年、そういう声がついに帝国議会に登場する。

なお前年に結婚していた太宰治は、この年に短編『畜犬談』を文学界に発表している。甲府に転居した太宰は、町にあふれる犬の多さに驚いた。もちろん雑種である。この短編小説のどこまでが実体験なのかわからない。しかし、友人が町犬に咬まれ、練兵場に捨てられていた犬が太宰の後をついてきて居着いてしまい、東京に引っ越す時に捨てていこうとするところなど、犬をめぐる当時の一般的な状況がよくわかる。また、犬の卑屈な態度に自分を重ね合わせているような描写に屈折が感じられ、太宰の行く末を忍ばせる。この『畜犬談』はネットの青空文庫で読める。

◉柳田国男の秋田犬

また、日本犬保存会の会員でもあった民族学者の柳田国男はこの年、後に『孤猿随筆』（創元社）に収められる「モリの実験」を書いている。これは昭和一〇年（一九三九年）頃から何年か飼った、秋田犬モリについての愉快な文章である。モリは言うことを聞かないので、柳田は半ば放し飼いであった。夜出ていって朝帰りしたり、いなくなったと思ったら他の家で繋がれていたり、電車に接触して怪我をしたり、いつの間にか子どもをつくっていたりで大変な犬であった。おまけに人を咬みまくり、ついに柳田まで咬んだので、獣医の斡旋で浜松にもらわれていったのである。

しかし、最後、柳田は、「これは秋田犬の名声のために、付け加えて置かねばならぬが、モリの系図には若干の不明な点があった」と書いている。そして、成長するにつれて毛色が微妙になり、普通の秋田犬の五割り増しの大きさになったこと、成長するにつれて耳が垂れ、尾もあまり巻かなかったことなどを挙げて、闘犬時代の「新秋田」の血が濃かったのではないかと推測している。新秋田の血は、このように後々まで強く影響した。だが、この「モリの実験」に、戦時色が強くなっていく時代の雰囲気はあまり感じられない。柳田のような知識人の周辺はまだ穏やかであった。犬もこの頃まではぎりぎり安泰であった。

一方、会報『日本犬』は戦時色が濃くなってきて、「軍用日本犬」と題する投稿が二回続いた。投稿者は葉村生である。当時は、名字に「生」という字をつけてペンネームにする慣習があった。葉村の主張は陸軍歩兵学校の谷川三郎とは違い、日本犬を使役タイプに改良することなく、そのまま軍用犬として訓練して使おうというものであった。

◉日本犬をそのままで軍用犬に

葉村生のこういう主張はさすがに軍用犬論者の中でも少数派であった。今のままでは使えないというのが、大方の見方であったからである。葉村の訴えは「天下無双の誇りを持つ獣猟日本犬のどこに不服があるのか(中略)盲導犬、護衛犬、番犬、全て武道家たる猛獣猟日本犬の最適の仕事である」という猛烈なものであった。

葉村は「国犬を預かる日本犬界の方々には、之を愛玩犬として姿を整えて楽しまれるだけで、国軍の軍犬は国犬をもって整備させねばならぬという、責任、自覚、気概をもたるる愛犬家はいないのであろうか。純日本犬こそは洋犬軍犬より遥かに、我が国民性に合った皇軍に相応しい軍用適種犬である」と強気の主張を

昭和15年（1940年）にはこんな時代

皇紀2600年
日独伊三国同盟締結　大政翼賛会発足
米不足で節米運動開始
帝国議会で犬猫不要論登場
日本犬保存会、飼育犬の飼料問題について自治体に陳情
犬の飼料問題について軍と警察、官庁、畜犬団体関係者が意見交換会を開催

している。歩兵学校の谷川の主張が軍国主義と近代主義の結合であったとすれば、葉村の主張は軍国主義と日本犬イデオロギーの結合であった。

なおこの時期、アメリカとの関係は日中戦争をめぐって悪化していたが、交流はまだ続いていた。ワシントンで日米関係悪化阻止に尽力していた斎藤駐米大使が急逝した時、遺骨を護送してきたアメリカの巡洋艦アストリアのターナー艦長は、日本で狆を二頭購入している。またヘレンケラーの愛犬・神風号が死亡したため、大館の巡査・小笠原一郎は兄弟犬の剣山号を送った。

◉外地に行った理事たちの近況報告

また、八巻八号（昭和一四年八月）の「会員の声」欄には、外地に行っている二人の理事からの投稿が掲載されている。二人とも創立メンバーで、一人は小松真一である。日本橋の豊かな商家に生まれ、創立時は大蔵省醸造試験場の技師であった。北海道に犬の調査行に出かけ、その時アイヌ部落で発見した犬を買い取り、ゼマ号と名づけて愛育した。ゼマ号は昭和八年（一九三三年）一一月に上野公園で開かれた第二回日本犬保存会展覧会で、日本犬保存会賞を獲得している。

小松は台湾製糖に入社したため、投稿は「台湾便り」となっている。「お

陰さまで無事当地に着任。毎日元気でいます。生蕃犬が沢山居ます。落着いたらゆっくり生蕃犬についてお知らせしましょう」という挨拶である。生蕃とは日本統治時代、漢族に同化せず山地に住み着いていた少数民族のことである。

もう一人は北村勝成で、小松はその後、太平洋戦争末期の昭和一九年（一九四四年）に軍属としてフィリピンに渡る。その前は台湾にいたらしく、「小松兄には兄の着台より一足前に高雄を出たので会えませんでした」とある。一般招集であったのであろうが、「司令部士官室気付とある。「例のコバルト色の支那湾を渡り、○○○に上陸してから丁度一ヶ月になります」と書かれている。

中国南部に来て一ヶ月が経った北村は、現地の犬に興味津々の様子で「○○の街には立耳巻尾の犬が沢山居ます。毛色は黒、赤、白、胡麻、斑の如く何でもあり数はこの順です。体型もなかなかのを見ます」と伝えている。ただ、猛烈な皮膚病にかかっていて触れないと書かれている。

◉皇紀二六〇〇年、犬猫不要論の登場

昭和一五年（一九四〇年）は皇紀二六〇〇年であった。皇国史観によれば、この年は神武天皇が即位してから二六〇〇年目にあたる。政府は五年前に準備委員会を発足させて、神社の整備と海外進出を進めた。狙いは愛国心の高揚であったが様々な祝賀行事が行われ、国民は久し振りのお祭り気分を楽しんだ。総合畜犬誌『狩猟と畜犬』は年頭にあたり、勇ましい巻頭言を掲げた。「起てよ同胞、奮え我らの猟友、各自営むところの職責を護りて、痩せるほど労らこう！　かかる場合に頑張るべく、我らの猟友はその心身を鍛えきたれり、一意報国の念を発揮し、一兎の毛皮も一鴨の羽毛も閑却すべき秋にはあらず」（一六巻一号）というも

のであった。しかし、その翌月、犬好きを震撼させる出来事が起こった。二月一三日、第七五回帝国議会の衆議院予算委員会において北昤吉議員が質問し、犬や猫は不要だから殺処分せよという主張をしたのである。「独逸《ドイツ》などではこの前の欧州大戦中犬猫を殆ど殺してしまった。これはただ物を食って大して益するところがない」と、無用の長物であると決めつけた。北はさらに踏み込んでいく。今日、周知のごとく皮革が不足している。食べる物も足りない。陸軍は犬猫の撲殺に協力したらどうか。非常時は統制を強化しなくてはならない。閣僚たちは口先では色々言っているけれど、実際には何も実行していないと批判したのである。

そして北は陸軍大臣に、「私はそのほか商工大臣にもいいたいことがありますけれども、軍用犬以外の犬猫は全部殺してしまう、そうすれば、皮は出る、飼料はうんと助かります。農林大臣がおいでになれば犬猫の数及び一年の飼育に要する分量等もおききしたいのですが、独逸では現にあった。よく独逸の法律など形式ばかり真似しているが、実質の問題になると中々やらない。そこまでやらなければ統制は強化にならぬと思う。陸軍大臣のお考えを承りたい」(『第七五回帝国議会衆議院委員会議録』)と強く迫った。

北昤吉は、二・二六事件の理論的指導者として処刑された国家社会主義者、北一輝の弟である。当初は大正デモクラシーに惹かれたが、欧米で学んだ後、国粋色を強めて大東文化協会に入会した。現在の武蔵野美術大学や多摩美術大学の創立者でもある。二・二六事件直前に行なわれた衆議院議員選挙に無所属で当選し、政治家に転じた。戦後は一時公職追放となるが、また復活して議員を務めている。戦争責任全体が曖昧になる中、犬猫不要論を最初に口にして供出への道を開いた責任は、問われなかった。

◉畑陸軍大臣、人道会から表彰される

北の質問に対して、畑俊六陸軍大臣は、「犬猫を殺せというような御意見でありましたが、陸軍といたしましては無論この食糧政策には重大なる関係を持っております。又軍用犬等にも依頼することが多いのでありますが、この犬を全部殺して愛犬家の楽しみを奪ったがよいか悪いかにつきましては、なお折角研究いたしたいと思います」(『第七十五回帝国議会議録』)と答えている。

さらっと答えて終わりにしていることがわかる。この後、「日本は犬や猫に食べさせる米を売らぬほど疲弊してはおりません」(同書)と述べて、日本人道会から表彰までされている。議員の中にも賛同者はいなかった。当時ですら、誰もついていけない極論であったのである。愛犬家であった荒木陸軍大将は、映画「戦線に吠ゆ」にも出演した愛犬シトーを忍ぶ座談会で、「ああいう風に量見が狭いようでは駄目ですね」と批判している(『軍用犬』一〇巻二号)。

しかし、その極論が数年後には現実になる。時流を先取りして呼応する人間が各所に出てきたからである。そういう人々の声がどんどん大きくなっていって、時代はあっという間に暗転した。それを後押ししたのは、当時進められていた「新体制運動」である。当時はドイツやイタリア、ソ連などの全体主義国家が成功を収めているとみなされていた。日本も「バスに乗り遅れない」よう、強力な挙国一致体制をつくって国家体制を刷新しようという、新体制運動が盛り上がっていた。それが大政翼賛会発足につながる。

◉皮革不足という素地に節米運動が加わる

それは当時、新時代に合わせた「改革」とみなされていた。北議員の犬猫不要論は、そういう時代に生ま

れた先進的な「改革論」であった。実際当時の日本では、今から見ると驚くような施策が、「改革」の名の下に次々と打ち出されている。北議員の質問が関係者に与えた衝撃は大きかった。気がついてみたら、いつの間にかそんな時代になっていたのである。京都大学滝川事件、天皇機関説排撃、国体明徴運動など、確かに新聞の一面を飾る大事件が起こってはいた。中国での戦争も長引いていた。しかし、いずれも自分の生活に直接影響を及ぼすものではなかった。つい最近まで、日常生活は淡々と続いていたのである。

この年、昭和一五年（一九四〇年）四月一日からは物品税の対象に、一〇円以上の仔犬と子猫が加わった。また節米運動も本格化した。若者が出征した農村は人手不足で、戦争の長期化が深刻な米不足を招いていた。さらに頼みの朝鮮が旱魃で空前の凶作に見舞われ、内地に米が入ってこない。当時は犬に食べ残しの御飯を与えていたので、節米運動は犬にとって死活問題になった。

皮革の不足という素地に節米運動が加わって、犬は無駄飯食いであるという論理が広まっていったのである。日本犬保存会は支部単位で自治体に働きかけをした。会報に「日本犬に対し米穀配給方誓願趣旨書」のひな形を載せ、これを持って地元自治体に誓願するよう呼びかけている。しかし多くの場合、自治体の対応は冷淡であった。

◉犬猫不要論への反論

犬猫不要論に対しても、日本人道会と東京府獣医師会が共同声明で「犬は無駄飯食いではない。軍用犬や警察犬として国の役に立っているし、地方では労働に従事している犬もたくさんいる」と反論した。実際、戦争で人間のみならず馬も足りなくなって、犬の出番が増えていたのである。物を運ぶ荷車犬や、農業に従事する営農犬も登場していた。仙台郵便局は雪中の郵便配達の誘導に、郵便犬を導入することを決定している。また声明は「犬は猟をして兎や鶏をつかまえ、大量の毛を軍に献納している」とも主張した。

日本人道会は、大正三年（一九一四年）に発足した動物愛護団体である。日本で初めて生まれた動物愛護団体は、明治三五年（一九〇二年）設立の動物虐待防止会である。メンバーは主に男性知識層であり、行政や警察に要望書を提出して改善を求めるといった、どちらかというと紳士的でおとなしい活動を主体にしていた。

しかし、人道会の方は、名誉会長に公爵の綱島直大、名誉会長に男爵の後藤新平を担いではいるものの、実際の活動家は在留欧米人の女性たちであった。彼女たちはもともと、母国でも動物愛護運動に携わっていたベテランで、積極的で果敢な活動を展開した。実質的な創設者は新渡戸稲造夫人の万里子で、結婚前はメアリー・パターソン・エルキントンという名のアメリカ人であった。

役に立たない犬への風当たりが強くなる中、日本シェパード犬協会は誘導犬部を発足させ、戦争で視力を失った傷痍軍人のための誘導犬運動開始を宣言、山岳遭難者の探索犬訓練も検討している。シェパードは軍犬になっていなくても役に立つという宣伝活動であった。一方で、警視庁は、戦局の悪化を理由に警察犬制度を廃止した。

◉平島藤寿の主張

『日本犬』でも、平島藤寿が九巻四号（昭和一五年四月）に「犬猫撲殺論に就いて」を投稿し、理路整然と反論している。無用論というのは乱暴な言い方で、「そういうことを言えば全て無用ということになる極端な唯物的政策だ」と。平島は犬猫不要論を、少年少女の情操教育を阻害する重大な害悪であるとする。さらに動物愛護精神を破壊し、人間生活を殺伐とさせると強く批判した。犬猫無用論が出てきた背景には、不作による米不足があった。平島はそれも工夫次第であるとして、自分が行なっている具体的な方法を記している。そして最近、犬を散歩させていて外国人から「立派な犬だ」と言われた経験を通してこう断言している。

「私は日本の現在が、犬を撲殺せねばならぬ程行き詰まっていると自分では思っていないだけに、尚更外人などに知らせたくない。他犬種はいざ知らず、何千年来日本人と運命を共にしてきた犬種日本犬こそ、日本人と共に最後まで運命を最後まで持ち、私共は、いつまでも犬と共に明朗でありたい」

平島はさらに、中部地方で荷物を運んでいる犬のほとんどが雑種である例を引いて、どんな犬も無用な徒食などしていないと主張した。加えて興味深いのは、最後に書かれている次の一文である。

「一昨年の秋であったか、銀座の或るデパート屋上の畜犬即売場から、可愛い日本犬の仔を求めて帰られる北代議士の姿を見た事がある」

これがもし平島の見間違いでなかったとしたら、北昤吉議員自身が犬を飼っていたということになる。にもかかわらず、犬猫無用論を主張したのはなぜであろうか。この非常時に、犬など飼っていられるかという愛国心が勝ったのか、それとも時流を意識したスタンドプレーであったのか。

◉畜犬廃止論を駁す

なお平島は、昭和一二年(一九三七年)から一三年(一九三八年)にかけて『日本犬』に掲載されたアンケート「私と犬」の回答に、「此の趣味欲が終わりを告ぐれば、何時でも他犬種に転向せんとも限らず。日本犬の飼育即国家的観念など全然無之候」と答えている。国家のために日本犬を飼育するという考えは全くないと、はっきり述べているのである。

また、『日本犬』の「会員の声」欄にも、愛知県在住の江坂重朗が「畜犬廃止論を駁す」と題して投稿し、「古より瑞穂の国と自他ともに許し食糧の自給を信じた我が国で、西日本及び朝鮮の一部が旱魃で不作だとて、早速に犬の米を喰わすな、撲殺せよとは何たる情や恩愛を知らぬ、野蛮人種の言ぞ」(『日本犬』九巻二号、昭和一五年二月)と批判の声を寄せている。古来、神意によって稲穂が瑞々しく実る国と自負してきたのに、ちょっと米が足りないからといって犬に喰わすな殺せとは、何たる非情であり野蛮ではないかと憤慨しているのである。

世の中がいかに理詰めになり唯物主義が蔓延しているとはいえ、情義を尊び忠孝を基とする我が国にあって、このような生物虐待論はゆゆしき問題である。先の大戦でドイツにこういう無用論が台頭した結果、愛犬家、特に女性たちの大反撃に遭い、敗戦に向かう精神的傾向に拍車をかけたと聞いている。江坂は「この際、人類道徳の本義に基づいて愛犬撲殺などやいやい新聞などで書き立てぬよう、戒心すべきだと思います」(同誌)とマスコミを批判した。

その一方、江坂は「野犬、悪犬、駄犬の淘汰は当然でありまして、従来の法律をもっと強化して結構と思います」と、人間の保護を受けられない犬を突き放している。同じく岡山在住の実末清一も「米と日本犬」(『日本犬』九巻三号、昭和一五年三月）と題する投稿の中で「とく考えてみよ、それも野良犬とか質の悪い犬、駄犬地方でいう『くそ犬』ならいざ知らず、純粋の国犬ではないか。他犬種に見られぬ不屈の魂の所有犬ではないか」と、犬界の選良意識を見せている。日本犬を思うあまりとはいえ、こういう声が出てきた時点でその未来に暗雲が漂ってきた。日本犬もかつては犬駄扱いであったのである。

◉紙不足で会報から表紙が消滅

状況は逼迫してきた。食糧のみならず全ての物資が不足してきて、会報や雑誌の発行も困難になりつつあった。戦前の会報『日本犬』は日保本部の他、国会図書館に寄贈されたものが現物でほぼ全て残っている。それを見ると、すでに昭和一五年（一九四〇年）に入った時点で紙質が著しく悪化、わら半紙になっている。そして五月号からは、ついに表紙がなくなってしまった。

表紙というのは普通どんな本や雑誌でも、中の紙とは違う分厚い紙が使われている。しかし五月号から、表紙もわら半紙になってしまった。『狩猟と畜犬』や『犬の研究』はデジタル化されていて、国会図書館内ならパソコンで読める。しかし、『日本犬』はデジタル化されておらず、現物のままである。その分取り扱いは難しいが、その姿そのものをもって時代を伝えている。

一方、『犬の研究』も五月号から広告が激減した。時事新報社の記者であった白木正光が創刊した人気愛犬誌で、いつも様々な犬舎やペット用品、動物病院の広告が並んでいた。『日本犬』と違って商業誌であったから、広告は大事な収入源である。そこから広告が姿を消していったのであるから、経営が苦しくなって大変であったであろう。

◉軍用日本犬論の過激化

そんな情勢下、『日本犬』にも過激な軍用日本犬論が登場してくる。九巻四号（昭和一五年四月）に掲載された、京都の谷上巌による「軍用日本犬論」がそれだ。谷上は秋田犬三頭と中型二頭を飼育していた。早稲田大学を出て社会人となっていたが応召、徐州作戦で重傷を負って大阪陸軍病院に入院していた。現在のトヨタに勤める予備役主計大尉でもある。

谷上の主張は、「日本犬は他の犬種に比べ、はるかに遅れた犬種と言わざるをえない。何しろ、最近まで山野を駆け回り飼育管理もされず、主に狩猟犬として猟師の間で飼われてた半野生種なのである。日本犬を買いかぶってはいけない。野性味がいいのなら、未開人に飼われている犬の方が勝ることになる。「一主一君」に仕えずといった封建思想や、ただ日本犬が好きだという軽薄な理由で犬を飼うことは、もはや清算されなければならない個人主義である。今や全てが個人主義から国家的観念に移行しているのであって、一片の個人的な趣味嗜好による愛玩や鑑賞、単なる懐古調の不生産的存在は許されない」という内容のものであった。

シェパードも第一次大戦当時は大したものではなかったが、血の滲むような淘汰と訓練によって、二十余年で見違えるように進化した。そして、谷上は、「一方日本犬はこれに比して漫然と文化の中に流れ出し、漫然と十余年を経て今日に至ったと言う外なく、元来が山出しのおサンどんに無理な洋食の調理を強いる様なものにして、文化に馴染む度合いが薄く、また基礎が出来ておらぬ限り要求する方が誤っておる」と主張している。

◉親軍派の台頭

山奥から出てきたお手伝いさんに、無理に洋食の調理をさせるようなものだと述べているのである。独創的な比喩である。そして谷上は産地主義や地方色を否定し、都会で文化的な飼育管理を行なうべきであるとして、「不良犬はもちろん淘汰する。それも従来の如く、一胎犬仔全部を残す等のことなく、不良と認めるものは仔犬の間に思い切って処分する」ことを求めている。

さらに谷上は、「極論すればこれらの飼育目的の判然とせぬ体型基準は排棄し、日本犬は軍用犬一本で行くべきと思う」と言いきり、従来の日本犬標準も廃止すべきだとする。なぜなら今の大型は「いわゆるグレートデーン種やマスチフ種の敵でなく、大飯を喰う以外ほとんど飼育効果なく、また小型は愛玩の域を脱せず、之も国家的利用なしと見る」からである。大型はただの大飯食らいで小型はしょせん愛玩犬・・・いやはや、大変な言われようである。「無駄な犬はいない」と記した平島藤寿や、後に「作出者は造化の神である。不幸な犬の一頭だに、作ることなきを期さねばならない」と言った紀州犬保護活動の岩橋恒二らの考えに比べると、いくら戦争中とはいえ心が寒くなる思いがする。

まさに親軍派の台頭である。しかし、この当時は各所でこういう動きが出ていた。官僚の世界でも議会でも、あるいは民間でも親軍派が勢いを増していた。谷上巌は大学出で現トヨタに勤めるサラリーマンでありながら、自己紹介にわざわざ予備役主計大尉と書いている。地域の在郷軍人会の中でも主導的立場であったと考えられる。

◉産地別の特色にこだわらず日本犬として改良を

最初に軍用犬の育成を主張した陸軍歩兵学校の谷川三郎も、新設された作出管理部の委員に就任して、『日本犬』で「作出家へ」と題し、改めて日本犬の改良を訴えている（『日本犬』九巻七号、昭和一五年七月）。そこで谷川は作出者の原産地主義を批判する。四国犬や甲斐犬、紀州犬などを現地で保存しようとしている人々への批判である。谷川は反発を覚悟の上で、「日本犬界における作出者の偏見は、原産地者流の妄執と等しく、のがれ難い宿命的なものがある」（同誌）と言う。その背後には、体型が大中小と三つに分かれている上、産地別に特性を持っているという特殊性があるとする。

この産地主義は谷川に言わせれば、「単なる便宜主義か、その他は無知や、他愛ない郷愁や、割譲主義によって生ずるものに他ならなく、最早こうした特殊性を考えることは無意義であり、何等の興味の感ぜられないのである」「産地別特性は結局単一化さるべき絶望的な運命にあるのである」（同誌）。近代主義者である谷川にとって、地方色にこだわる作出者は、日本犬の改良を妨げる無知で頑迷な存在にしか見えなかった。日本人は国民国家日本の下に、一つにまとまるべきなのである。

実際、原産地の犬だけで血統を維持するのは難しく、他地域の血を入れることも珍しくなかった。そういう意味で、谷川の言っていることも全く見当違いではなかったし、何より合理的であった。その主張の底流にある思想は、国際競争に勝つことを最優先にしようというグローバル化論である。

◉合理主義だけでは割り切れない心情

しかし、日本犬保存活動は、合理主義だけで割り切れない面がある。絶滅から救いたいという切実な気持ちから始まった活動であり、実利を求めるものではなかった。古来から共に生きていた犬に寄り添う心情こそが、不可能と思われていた保存活動を成立させたのである。その気持ちを打ち砕いてまでも地方色の払拭

生めよ殖やせよ

帝国軍用犬協会の機関紙に会員が投稿した口絵写真。「生めよ殖やせよ」という題がついている。昭和一四年九月に厚生省が作った結婚十則の最後、「生めよ育てよ国の為」から来た当時の流行語である。

出所：『軍用犬』9巻8号（昭和15年）

を主張するところに、谷川ら近代主義者の真骨頂がある。それは「遅れたアジアを近代化する」という、太平洋戦争のイデオロギーに通じる発想であった。

それに対して、『日本犬』の同じ号にペンネーム無愁氏が「日本犬と軍用犬」という一文を寄せ、軍用日本犬論に異論を唱えた。無愁氏は日本犬が軍用犬として役立つなら、これ以上の喜びはないとしながらも、そうでなければ存在理由が薄弱だという主張に疑問を呈している。日本犬は猟犬や番犬として充分に役立ってきた。仮に猟犬や番犬にもなっていなくても、日本原産の犬であるというだけで存在価値がある。日本犬は、仮に無駄飯食いでも立派な日本犬である。そもそも「一体、無駄とは何かと反論したい。人生は無駄が多い。しかし、無駄は必ずしも無駄ではない。無駄は人生の華とも考えられる」と事例を示して反論した。

無駄があって初めて人生に潤いが生じる。犬だって一見、芸なしの無駄飯食いに見えても、飼い主にとっては浮き世の苦しさを忘れさせてくれる存在であるかもしれない。軍用犬の仕事は人間でもできる。しかし、犬がもたらしてくれる喜びは人間世界では得られない。そして無愁氏は、例え自分の犬が能なしの無駄飯食いであっても、大いばりで愛育を続けると断言している。

◉意外に多様な意見を持っていた戦前の日本人

一方、無愁氏は、軍用日本犬について「現実の日本犬は、量的に見て、軍用適種犬たるには、その資格ありと思われるものが甚だ貧弱で、今のままでは到底物にならない」と率直に述べている。このあたりが大方の意見であったのではないか。実際、戦地で軍犬の働く姿を見てきた広島の三上一郎から、『日本犬』の「会員の声」欄に率直な感想が寄せられている（三上一郎「帰還感想」『日本犬』九巻二号、昭和一五年二月）。シェパードも飼っていた三上は、まず万死に一生を得て帰還したことを報告した後、戦地の犬を見ていろいろ考えさせられるところがあったと述べている。

それは、「久し振りに『日本犬』を見てみて、軍用犬についての記事が増えているのを心強く感じる」「しかし会誌所載のご自慢の写真を巨細に拝見してみますと、いわゆる軍用日本犬の前途は相当に茨の路を歩かねばならないのではと見受けます」「日本犬の良さが認識されながら、なぜ軍用犬として採用されないのかという観点から考えてみたらどうだろうか」（同誌）という、冷静な意見であった。

なお三上は、召集令状が届いた時点ですぐに本部へ連絡し、飼っていた犬たちを各地の会員に受け入れてもらったという。そして「その後当時の愛犬共の今日の動静はそんな状態かと思うと、遥かにその健在を祈ってやまない次第であります」と心配している。それにしても、同じ帰還兵でも谷上と三上ではずいぶん見方が違う。考え方は様々であったということである。

今からは軍国主義一色に見える時代だが、実際は様々な意見があった。日保も帝犬も多様な会員を抱えていたのである。もちろん一定の範囲内ではあったし、時代の流れには逆らえなかったが、今の人間が考えるよりは多様な意見や現実があった。しかしそれらが全て、結局は戦争に呑み込まれていった。多様な意見を反映する回路や仕組みが閉ざされていったからである。現代に通じる重い教訓である。

◉「本会の使命並びに事業と日本犬の将来」

昭和一五年(一九四〇年)の七月度例会には、第一線を退いていた斎藤弘吉が登場し、「本会の使命並びに事業と日本犬の将来」という題名で話をしている。今と違って話し言葉と書き言葉の間に大きな差があったし、時代の空気が強く反映されていて、真意を掴みにくい内容である。斎藤は、当会は在来犬の総合文化団体として、日本の畜犬団体を代表する存在であり、欧米諸国の畜犬団体に対し、またアジアに対しても畜犬文化を指導すべき使命を負うものと信じると述べた。そして、会員に対して次のように訴えている。

「会員諸賢に於かれてもただ個人の趣味の満足、あるいは単に流行に便乗するの愚より脱却し、この日本民族に課せられたる一つの困難なる事業の各一部を分担することこそ、昭和の聖代に生を受けたる日本犬愛好家個々人の義務たるを自覚されて、本会の一大事業に協力してくださることを忠心切望する」(「本会の使命並びに事業と日本犬の将来」『日本犬』九巻八号、昭和一五年八月)。

時代の影が色濃くてわかりにくいが、この談話の本質は日本犬を保護しようという強い使命感と志である。

「個人の趣味の満足」や「単に流行に便乗するの愚」をいましめ、「在来犬種の総合文化団体」であるべきだと、改めてその使命を訴えたのである。そして絶滅の危機を一応脱出しつつある今、今後は将来のための作出淘汰を第一の目標にすべきであると主張する。

この話は一面で、軍用日本犬論への間接的な牽制にもなっているように思われる。周囲が引き止めるのを固辞して理事を辞任し、第一線を退いていた斎藤が、わざわざ「本会の使命並びに事業と日本犬の将来」を話すために出てきたのである。軍用犬論議が高まる中で、本来の目的が忘れられるのを恐れたのではなかろうか。実際そういう懸念の声が会報にたびたび寄せられていた。

◉心配する外地の会員たち

外地在住の会員たちは、こういう状況を心配しながら見ていた。満州在住の森迫生は、先輩諸兄が日本犬の改良と普及に心血を注いでいる中、こういう意見を発表することに一度は躊躇したことを断った上で、「然して現今の日本犬界を遠く満洲より想像するに、あるいはまた奉天、新京、蒙古地方その他の実際を見るに、真の日本犬党なればこそ到底これを黙視するに忍びず」(「日本犬杞憂論」『日本犬』九巻八号、昭和一五年八月)と、軍用犬どころではない実態に懸念を表明している。

森が言うには日本犬は今、危機に瀕している。その原因は、間違った宣伝と悪徳業者と素人による投機的飼育である。猪を鉄砲なしで食い殺すとか、軍犬としてシェパードに優るといったような誇大宣伝で、写真を見て注文するとたいてい偽物をつかまされる。また、犬で一儲けしようという素人が山から犬を引き出してきて繁殖させ、生まれた駄犬を平気で売っている。これでは未来が危ぶまれる。そこで森も「軍犬としては、その道の専門犬であるセパードには劣るであろう事を否定するものではない。が、他の洋軍犬に勝る美点のある事も忘れてはならん。故に徒らに日本犬の誇大宣伝に迷うなかれと申し度い」（同誌）と訴えた。

この投稿から当時、犬の通信販売が活発に行なわれていたことがわかる。内地では商売が難しくなっていたから、業者も外地に積極的に売り込んだ。しかし、実物を確認できないのをいいことに、偽物や健康上問題のある犬を送る業者もいたのである。到着してから抗議しても返事が来なかったりで、結局は泣き寝入りになった。

この投稿の次には、日本犬保存会兵庫県支部専務委員の山田舜亮が、谷川の「作出家へ」という改良の呼びかけに賛同の意を表明している。いわく、かつて日本犬は猟犬として生きていた。しかし、都会に引き出されてもなお、同じ作出方法を繰り返している。その結果、淘汰されるべき犬までもが生存を許されてきた。その点について山田は、「計画的に繁殖されず繁殖管理もされなかったことが一番いけなかったのだと思います。その一端の責任は本部にもあろうかと思います。日本犬は殖えたが駄犬が殖えたのでは仕方ありません」（「盛夏通信」同誌）と、本部にも非があると指摘したのであった。

◉日本犬保存活動の自己否定へ

この主張には留意する必要がある。「日本犬以外は淘汰されてもしかたがない」から「日本犬の中でも出来の悪いものは不要」に、話が一歩進んでいるからである。それだけ犬をめぐる情勢が厳しくなっていた。同じことは人間の世界でも起こっていた。犬の世界で起こることは人間世界の反映である。人も犬も、戦争に役立つかどうかが生存価値を決める分岐点になりつつあった。病弱や障害などで役に立たないとされた人間は、居場所がなくなっていった。

軍用日本犬論はさらに勢いを増していく。『日本犬』九巻一一、一二号（昭和一五年一一、一二月）には「生かして使え日本犬」という、大阪支部長井上常一の主張が掲載された。井上は、「日本犬を軍用犬に」という声が上がって久しいのに、それが実行に至らないのは会の方針がはっきりしないからだと苛立っている。一部の者は「日本犬は使役犬としての条件を備えていないから無理だ」「世間は理屈通りいかない」などと言っている。もはやこういうご都合主義は排除し、日本犬をこれからどう使っていくか、明確な指導原理を確立して研究する必要がある。

その場合、もし「日本犬の血液に欠くる処のあることを発見さられましたならば、いたずたに空名を固執することなく、百尺竿頭更に一歩を進めて、潔く、セパード、ドーベルマン乃至エヤデル等の血液をどしどし注入して、その優秀性を誘導するもあながち殺し去るべきではないと思われます」と井上は主張している。ついに、洋犬の血を入れようという意見まで出てきたのである。これは、日本犬関係者の中から出てきた最も過激な軍用犬論であり、日本犬保存運動の自己否定、全否定である。国家主義そのものであると同時に、改良を極限まで進めようとする近代主義でもある。日本犬を軍用犬にするには極限までの改良が必要で、日本美を尊重する日本主義など放り捨てなければならない。軍用日本犬論が内包していた矛盾が、ここで鮮明になった。

◉紀州犬界の苦難

こうして昭和一四年、一五年（一九三九、四〇年）には『日本犬』上で、軍用日本犬に関する様々な意見が交わされた。それは次第に、日本犬の在り方を根本的に問うものになっていった。そこで立場のいかんにかかわらず、どの意見にも共通していた認識がある。それは「ただの愛玩犬ではいけない」という点である。重鎮の一人で、日本における フィラリア研究の嚆矢であった板垣四郎博士は昭和一一年（一九三六年）に「広い意味での日本犬の将来は、愛玩であるかもしれない。私は日本犬将来の研究として、決して愛玩を見逃してはならぬと高唱するものである」（「日本犬研究の将来」『昭和日本犬の検討』犬の研究社）と述べていた。しかしわずか数年で、そういうことは口に出せない社会になっていたのである。

この頃の紀州犬界の苦難について、石原謙が「我が紀州犬史5」に書いている（『愛犬ジャーナル』昭和五八

紀州犬―鳥獣狩猟並びに軍用、番犬に適す

猟犬雑誌に掲載された紀州犬の広告には「鳥獣狩猟並びに軍用、番犬に適す」と書かれている。色は濃い茶色。かつて紀州犬はこういう有色が主流であった。ただし、この犬には洋犬の風貌がある。当時はまだ、こういう犬が日本犬として売られていた。

出所：『狩猟と畜犬』11巻2号（昭和10年2月）

年五月号）ので、以下に概要を紹介する。

それまで、捕獲された野犬は一週間留置され、飼い主が探しにいくための猶予期間が置かれていた。それが捕獲当日に撲殺されることになったのである。しかし、狩猟犬である紀州犬は、ふだんは放し飼いにしておいて猟期にだけつないできた。当時、繋いで飼うのは犬を殺すようなものであると言われていた。幸い、県の天然記念物を主管する学務部長の加藤太は、紀州犬に対して理解があった。そして優良犬の産地として知られ、那智勝浦や太地町を含む東牟婁《ひがしむろ》郡限定ではあるが、捕獲した猟犬のうち石原が認定した紀州犬は飼い主に返すことに決め、所管の警察署長に協力を要請したのである。しかし、それでも悲劇は起こった。

昭和一五年（一九四〇年）の暮れも押し詰まった頃のことである。石原に犬について教えてくれた師匠とも言うべき下桐健次郎の大権号が、放し飼いにされていて捕獲されたという連絡があった。当時、石原は西日本捕鯨業組合長として、大阪海軍警備府から直接「航空機用潤滑油を確保せよ」という特別命令を軍から受け、午前中は太地港の事務所に詰めていた。ところが、その日に限って電話がうまくつながらず、下桐の慌てた声を聞いたのは午後二時ぐらいであった。石原は急いで帰り、買いだめしておいたガソリンをバイクに入れた。そして野犬を撲殺する新宮市相筋の町外れ、松原へとバイクを飛ばした。相筋に入ると道幅が狭くなったので、石原はヘッドスイッチを入れた。すると前方から、通り一杯になって向かってくる荷車がある。石原は急停車してやり過ごそうとした。見るとその荷車は、剥ぎたての犬皮をぎっしり積んでいた。荷車を押していたのは顔見知りであった。その男は『大将が来るというので紀州舘の犬を最後に回したんだよ。遅過ぎたのぉ・・・お国のために役立ったと思ってくれよ』と急ぎ足に車を押していったという。

さぞ、こういう悲劇がたくさんあったことであろう。

◉小竹の鉄号

そういう中でも、日本犬保存会の展覧会は続けられていた。この年の全国展で一席になったのは御坊市の呉服店主、小竹友二郎所有の紀州犬鉄号、小竹の鉄号である。内側になりながら立ち上がる、太刀尾と呼ばれる見事な差し尾の有色紀州犬であった。顔貌にも渋みがあって大人気を博し、多くの人が兄弟犬を探しまわった。

文部大臣賞受賞・小竹の鉄号
昭和15年の皇紀2600年記念第9回本部展で、文部大臣賞を得た小竹の鉄号。和歌山県御坊市の呉服店主で、紀州犬の熱心な飼育者であった小竹友二郎の飼い犬。太刀尾が見事である。
出所：『日本犬』9巻9号（昭和15年9月）

鉄号は昭和一三年（一九三八年）一一月、和歌山県有田郡津木村に生まれた。父犬の良号は小竹の実兄の持ち犬で、同地方きっての名猟犬であった。鉄号は仔犬の時に村人に譲られ、猟犬としての道を歩み始めていたところを、資質を見抜いた小竹が入手したのである。文部大臣賞を受賞したのは、まだ満二歳の時であった。

受賞した夜、小竹は宿舎で兄と口喧嘩になった。小竹は「鉄号が怪我でもしたら大変だから、もう猟には使わない」と主張、一方の兄は「ばかな、鉄がいなければ猟にならない」と言い張ったからで

冬のアイヌ犬
　撮影は、北海道犬保存活動の中心にいた伝法貫一。
出所：『日本犬』６巻１号（昭和12年1月）

ある（「日本犬中型　思い出の名犬を語る」『愛犬の友』昭和五四年七月号）。結局、鉄号は間もなく、猟に出ている時に心臓発作で急死してしまった。若死が惜しまれる。しかし、数少ない直仔の中に喜一ハチ号の血を引く雌との交配でできた赤岩号がおり、そこから戦後の熊一号が出た。

◉北海道犬は日本犬か

一方この年には、北海道犬をめぐる論議も持ち上がっている。当時、本州の日本犬関係者の中には、「北海道の犬は他の日本犬とは少し違う」という考えの人が少なくなかった。確かに北海道は明治の初めまで日本とは違う地域であったし、気候や生態系も違う。北海道犬異質論の多くは、厚い胸板や豊かな毛吹きなど他の日本犬とは違う外観や、北方の犬独特の舌斑などを根拠に挙げていた。しかし、それに加えて「何となく趣きが違う」という声もあった。

そういう感じ方の裏には、北海道は日本の中の異文化であるという感覚もあったのではなかろうか。北海道犬はアイヌの犬で、本州の犬とは源流が違うという見方が感じられる。一方、歴史的に交流の深い東北にはそういう感覚はなかった。実際、血の交流も行なわれている。

北海道犬関係者はこういう異質論に、しばしば反論した。『日本犬』九巻一号（昭和一五年一月）には、「北海道犬は日本犬なり」という怒りに満ちた寄稿がある。筆者は札幌のフップシ・ヌプリで、おそらくペンネームであろう。内容は『犬の研究』一一月号に掲載された座談会で、高久兵四郎が行なった発言への反論である。

高久はそこで「日本犬というのはやはり日本の本土の犬が日本犬で、北海道の犬は日本犬でない。アレが日本犬なら朝鮮の犬も日本犬である」と述べていた。北海道犬関係者はこれに対し、「北海道は日本の本土にあらずして朝鮮と同一視されて居ることが第一に新説であると共に、日本本土にいる犬だから日本犬だでは、残念ながら甚だしく至らない解説である」と激怒した。

◉北海道犬関係者の怒り

さらに高久は座談会で、「もっとすごい顔をしていることが日本犬の条件で」「あの薄ボンヤリしていることが北海道犬の特色だ」と述べていた。これは当時、少なからぬ本州人が北海道に対して抱いていた、違和感とも差別感ともつかない「何となく趣が違う」という感じを口にしたものと思われる。

北海道は長く開拓の対象であった。北海道開拓の経験は後に満洲開拓に生かされたと言われる。この頃、北海道は遠くて簡単には旅行もできない、異郷の地と言ってもいい地域であった。「吾々は」と一人称複数を使っていることから、関係者を代表して書いているらしい札幌のフップシ・ヌプリは、「スゴイ顔をして抗議する前に、ウスボンヤリでない丈に教えを乞いたいものである」と、怒りをぶちまけている。

一方、北海道犬の保存に携わっている関係者の「北海道犬は日本犬だ」と主張する心理の中には、北海道の独自文化をみずから否定するような論調が見られる。それは反論の立て方の中に表れている。フップシ・ヌプリによれば「かつては北海道でも、アイヌ犬は日本犬というよりもアイヌ犬という別種だ」という考え方もあった。しかし、その後の研究により、北海道に土着してきた日本犬であることが明らかになった。そこで、日本犬ではないという意味合いを含むアイヌ犬という呼び方は不適当として、北海道犬という名称で天然記念物の指定を受けたと経過説明をしている。このように当時の北海道犬関係者は、北海道が日本の一部であると認められることを強く求め、本州との一体化を望んでいたのである。

第五章　犬と飼い主に対して強まる圧力

昭和一六年（一九四一年）四月一日、小学校は国民学校になり、日本軍は南部仏印に進駐した。そして日本はアメリカから石油の輸出を停止され、六大都市で米穀が配給制になった。一二月八日には、ついに太平洋戦争が始まる。

対英米戦開戦に向かって風雲急を告げる中、『日本犬』一〇巻二号（昭和一六年二月）に「空爆下英国人の愛犬気質」という貴重な体験談が載っている。一月の東京支部例会で田中輝一が話したものである。田中輝一は昭和一一年（一九三六年）一一月、イギリス人貿易商リチャード・ブラウンが秋田犬を連れて帰国する時に、同行した人物である。イギリスで数年間を過ごして最近帰国した田中は、「あまり機微に触れることは国際関係上慎むべきではないかと存じます」と断った上で、ドイツの空襲にさらされているロンドンの様子を語っている。

空爆が始まると子どもと犬は地方に疎開し、そのため多くの犬がジステンパーで命を落とすことになった。また、国民のみならず、外国人にまでガスマスクを無料配布している。さらに無料ではないが、犬用のガスマスクも用意された。間もなく防空壕が必要になったが、さすがに犬は入れない。しかし、田中が帰国する頃には、ハイドパークに犬用の防空壕をつくっていたそうである。

また、行方不明にならないよう、金属の番号札も配られた。ペットホテルに預ける人も少なくないし、公営の預かり施設もつくられた。食糧は不足しているが、犬用ビスケットがあるので何とかなっている。田中の話は参加者に好評で、閉会時間まで質問が続いた。緊迫した情勢下でも定例会で取り上げられるほど、イギリスの犬事情に対する関心は高かった。

昭和16年（19341年）にはこんな出来事が

ドイツ、ソ連に宣戦布告
日本犬保存会、畜犬用の米逼迫に伴い代用食研究部設置
会報の紙質がさらに悪化
陸軍省より、研究のため犬毛収集依頼あり
太平洋戦争始まる
上野動物園で、空襲時の脱走猛獣捕獲訓練実施
一部自治体で、犬の先行供出が始まる
人気漫画「のらくろ」、内務省からの横やりで連載中止に

◉犬肉、食用として公式に認められる

一方でこの時期、役に立たない犬への逆風はついに一線を超える。昭和一六年（一九四一年）四月一日、犬肉が食用として公式に認められたのである。警視庁が食肉営業取締規則を改正して、アザラシや食用カエルなどの肉を販売できるようにした。その中に犬も加えられたのである。犬肉を食べることが公式に認められるとは、驚くべき事態である。追い打ちをかけるように畜犬税も値上げされた。

前年、国民精神総動員運動の一環として始まった節米運動も、さらに強化された。すでに週に一度は節米デー、毎月一日の興亜奉公日には日の丸弁当になっていたが、この頃から、この日は米なしで過ごすことが奨励されるようになったのである。とりわけ犬にとって決定的な打撃になったのは、米が配給制になったことである。当時、犬は人間の残飯を食べていたからこれは死活問題になった。次々に新しい措置が打ち出されて、犬の飼育者はどんどん肩身が狭くなっていく。

この頃、『日本犬』の編集兼発行人は谷川三郎になっていた。早い時期に「日本犬を軍用犬に」と訴えた、陸軍歩兵学校の谷川である。その谷川が書いていたと思われる編集後記も、次第に悲壮感が

滲むものになっていた。その文面は、「食糧問題の解決は寸刻を争っていられない状態に立ちいたった。全国会員の不安はその極に達していることを想像する。この恐慌不安の打開払拭に、団体の力を遺憾なく発揮したいものと痛切に感ずるものである」（『日本犬』一〇巻二号、昭和一六年二月）といったものであった。

一方、使役犬問題も緊急に解決しなくてはならないと述べている。しかし数年前の勇ましさは影をひそめ、谷川は「然しこれは真実を知るものとしては未だ多分に模索時代であることを認めるに違いない（中略）先んじてここに深く触れるべきではない」と慎重になっていた。この変化は何を意味するのか。のろしを上げてはみたものの、現実の壁にぶつかってその難しさを痛感したのかもしれない。

◉飼育者の辛い心情

『日本犬』一〇巻四号（昭和一六年四月）には「無題」と題した寄稿があり、犬をめぐる環境悪化と飼育者の辛い心情が率直につづられている。筆者の天野太一は、「今は非常時である。僕の配給米二合三尺が半分にされても、国策ならば我慢もする。しかし、犬舎の中で僕たちに依存している無心な愛犬たちを見ると、かわいそうで仕方がない」「先般も当地の輩だが『犬等非常時局の折り柄反国策だ』と公衆に叫ぶ、節米奉公を一人で背負っているように揚々としている狭心な輩もあった。何を馬鹿げたことをと思ってもやはり耳にすると一層憂鬱がつもるようだ」と嘆いている。当時は隣組をはじめ様々な会合や場所で、こういうことを叫ぶ人間がいた。しかし、国策だから誰も表立って反対できなかった。

国民精神総動員運動や節米運動のように、全てが「運動」になっているところに留意したい。上から押しつけられたものではなく、国民がみずから主体的に担う運動という形を取っていたのである。こういう中で、一人だけ別行動を取るのは現実的に不可能である。日常生活のあらゆる面で不都合が起こって、配給で嫌がらせをされることもあった。何より、針のむしろのような毎日を覚悟しなければならなかった。天野は今年こそ理想に近い犬を送り出し、日本犬界に微力でも貢献したいと密かに期していた。しかし、そんな天野の前に、節米が立ちはだかった。

◉犬を手放し始めた会員たち

天野は「何を弱気と言われるかもしれないが、一、二頭位ならば何としても凌いでいくが九頭もいては」(『日本犬』一〇巻四号、昭和一六年四月)と嘆きつつ、話はここから微妙な内容になる。「折角ご指導ご援助承りました紀州の小竹氏岡山の安原氏両先輩に衷心よりお詫び申し上げます。最近迄たくさんな犬と毎日朝夕、運動に、訓練に、嬉喜として余念なく過ごした、賑やかだった、なつかしの日が想いうかんでくる」(同誌)と謝罪し、悲しんでいるのである。そして今、犬舎には日本犬が二頭とシェパードが一頭しかいないという。

小竹は紀州犬の鉄号、安原は四国犬の楠号という、いずれも全国制覇を成し遂げた名犬の所有者である。この二人から助言を受けていたのだから、熱心に飼育繁殖に励んでいたのであろう。それにしても他の六頭はどこに行ったのか。それに続く次の文章から推測するしかない。「また最近当地方の出来事だが自己の飼い犬の処分法に困り、警察の窓口にその処分法を相談したなどと、麗々しく写真挿入で報じた新聞もあった」(同誌)というのである。記事の内容をそのまま伝えた文章であるが、批判めいた調子がある。

つまり、天野自身はそういう手段を取らなかったということではなかろうか。しかし現に犬は六頭いなくなっている。六頭を天野はどこへやったのか。おそらく、自力で生き抜いてくれることを祈って、街か野に放ったのであろう。飼い続けることは難しいが、処分するのは耐えられない。そういう飼い主が選んだのはこの方法であった。実際この時期、野犬が増えたという証言もある。手許に残した二頭の日本犬は、体型性能共に優れていたと思われる。熱心な飼育者でさえ、みずからの犬を選別せざるを得ない状況に追い込まれていたのである。

◉通信販売による被害、平島の覚悟

『日本犬』一〇巻四号（昭和一六年四月）の「会員の声」欄には、注目すべき二つの投稿が並んでいる。一つはハルピン在住の松川敬二による「警報」である。以前、やはり満洲から投稿した森迫生の「日本犬杞憂論」にもあった、通信販売に関する苦情である。この問題が外地在住者にとって、いかに深刻であったかがわかる。松川は、「最近は満洲に移住する日本人が非常に増えてきて、日本犬の愛好家も広がってきている。しかし何しろ遠隔地であり、希望通りの犬を移入することは難しい」「加えて前年末からの為替統制で、五〇円以上の物品移入には国務大臣の許可が必要になり、犬の入手がますます難しくなった。そのため新聞や雑誌のいかがわしい広告を信じて、内地から犬を購入する人が多い。しかし、その多くが、チャウチャウが混入した例の三河犬で、とても日本犬と言えないものである」、そこで「警報！　それは誇大な広告の違大さを恐れるべし！　と申し上げたいのです」と、声を大にして警鐘を鳴らしている。

もう一つの注目すべき投稿は、平島藤寿のものである。「心構え」と題するその一文で、平島はまず、「国民の食糧が足りない時に犬への配給を期待してはいけない」「各自がそれぞれ代用食の研究をするべきである。それが愛犬への忠実な態度である。嘆いたり誰かを責めても仕方がない」と説いた。そして、ついに「時

期は到来した。冥して愛情を断つべき時である。かくしてこの時期こそ無能及び駄犬の淘汰を断行すべきである。日本犬として有資格のもののみ残存せよ。保存も改良も過大敷なる事を欲せず（中略）真の愛犬家試練の秋」が来たのである。思い切って、優良な犬以外は手放せと言っているのである。

「雑種だって役に立っている」と主張していた平島が、ここまで言わなくてはならなくなったのである。それほど事態は緊迫しており、『日本犬』の「私と犬」のところで徳島を代表する名犬、クマ号の盗難について沈痛な一文を寄せた室井孝も、同じ文の最後の方で「雑種とも見分けがつかないような犬は、この非常時節米のやかましい時飼育は無駄と思うのです」と述べている。

◉いよいよ強まる駄犬撲滅の声

総合愛犬誌『犬の研究』一七巻二号（昭和一六年八月）には、「畜犬日本を世界の王座へ　非常時と畜犬対策」という記事がある。筆者はブルドッグの権威であった伊藤治郎である。伊藤は非常時に愛犬家がなすべきことを四つ挙げており、その第一は優秀な軍用犬を多く作出すること、次に日本犬を保存すると共に、その中で軍用犬に適した一種を生み出すこととしている。そして後は駄犬駆逐である。

伊藤は「いま我が国に生存する駄犬はおびただしい数で、これを淘汰して純粋犬だけを残せば、犬に要する食糧は今までの三分の一ぐらいで済むと思う。駄犬の飼育を禁止し、同時に野犬狩りをして撲滅を図らなくてはならない」という。その場合、駄犬の定義は「種類的に価値がないもののみならず、実際に使役能力がないもの」とし、一方、「種として価値がなくても、番犬や使役犬などのように人間生活に対して有益なものもある」としている。

つまり「主に主のいない野犬と、右に述べた駄犬を撲滅し、純粋犬と有能犬のみを保存すべきである」という主張であった。

確かに野犬は狂犬病その他、病気を持っていることも多く、人間に危害を加える存在でもあった。しかし飼育されていても、雑種や役に立たない犬は駄犬だとみなされている。「駄犬は要らない」という声は、今や犬界の主流となった。種を守れるかどうかという切迫した状況下、それはやむを得ない措置であると見なされた。

◉平島藤寿の真可号、ハルビンへ

他方でまだ食糧も不足しておらず、万事ゆったりしていた満洲からは、松川敬二が再び「会員の声」欄に「御参考迄に」という、のんびりした投稿を寄せている（『日本犬』一〇巻六号　昭和一六年六月）泥沼の日中戦争をしている時にと驚くかもしれないが、中国大陸は広い。戦争は万里の長城以南で行なわれており、満洲はまだ戦火とも無縁で平穏であった。

投稿者の松川敬二は、大阪にいる時に飼っていた不津号が忘れられず、その母犬である真可号を譲り受けたいと東京の平島藤寿に頼んだ。平島は快諾し、ちょうど発情中であった真可号を三狼号と交配した上で、その一〇日後に東京駅からハルピン駅へ送った。当時、東京からハルピンまでは列車で五日かかった。ハルピンはロシアと国境を接する黒竜江省の都市で、明治四二年に駅頭で伊藤博文が暗殺されている。真可号は無事に到着し、間もなく妊娠の兆候が現われて三頭の子犬が生まれた。

そこで松川は「平島氏も私も期待していなかったので、それだけにお互いに喜びも大きいものです。今後

ハルピンに渡った真可号と、生まれた仔犬たち
出所：『日本犬』10巻1号（昭和16年1月）

手近によい種犬が入らぬ限り、私は今度の体験に習って牝の発情が来ると同時に内地に送って、優秀な牡を交配する考えです。少し位の面倒や費用がかかっても、この方がよい日本犬を作るためには本当だと思います」（同誌）と、この方法を勧めている。

本人も書いているように、これは奇蹟のような成功談である。妊娠中の真可号は、五日間飲まず食わずで列車の旅に耐えたのである。当時は通信販売がよく利用されたが、到着するまでに体調を壊す犬も多かった。それにしても平島が、手許に置いていていた大事な真可号を、遠いハルピンにまで送り出したのは驚きである。

真可号は平島が、岩手の御所村から引き出してきたマタギ三名犬の一角、不二号の仔である。真可号はイラストに描かれて、昭和四四年から四九年まで会報『日本犬』の表紙になっていた。本書も表紙に、このイラストを採用している。考えてみたら、食糧事情が逼迫して犬猫無用論が叫ばれている内地より、万事に余裕がある満洲の方がまだ生き伸びる可能性がある。平島もそういう気持ちで賭けに出たのかもしれない。

◉「保存こそが我らの使命」

ちなみに『日本犬』の同じ号に、使役犬として改良することばかり議論されることへの疑問の声も載っている。「会員の声」欄に掲載された山本福武の「使命」という投稿である。山本は「一方に使役犬としての目的に進み、一方には古型日本犬の保存をなすのが我らの使命ではないかと思います」（『日本犬』一〇巻六号、昭和一六年六月）と述べる。

都会に出て改良された日本犬は、かつての面影を失っている。今のまま進めば、近いうちに古来の日本犬は絶滅してしまうであろう。その時になって後悔しても手遅れである。おそらくこういう考えの会員も少なくなかったのではなかろうか。山本福武は戦争末期、古城九州男に協力して四国犬の血をつなぐため尽力するが、戦後に問題を起こす。

この頃になると「主婦の友」や「婦人倶楽部」などでも、節米特集が頻繁に組まれるようになり、節米料理や代用食が紹介されている。八月には東京市の食堂から白米が消え、一日二食主義も提案された。『日本犬』でも『犬の研究』でも、人間も米を食べられなくなってきたのだから、犬の食糧は代用食でと繰り返し叫ばれた。しかし、実際には小麦粉や雑穀、大豆やじゃがいもも入手困難になってきて、代用食の材料すら見つからない状況であった。日本犬保存会も自治体への陳情を促す他は、特に対応策を出せないでいた。

◉犬の代用食を作る

そこで製麺業の佐々木康雄が、参考までにと人造米の製造法を書いている（佐々木康雄「犬の代用食に就いて」『日本犬』一〇巻五号、昭和一六年五月）。それによると、「ある程度の小麦や雑穀、大豆などを材料にして、鳥または魚の骨を煮込んだスープを加え、これを手先でよく混ぜて耳たぶぐらいの固さにまでこねる。それを板に乗せて棒で一センチぐらいに延ばし、それを金網に乗せ・・・」といった具合に、幾つかの行程を経て作り出すものである。

佐々木は「栄養豊富で簡単に作れる」と書いている。しかし、製麺業という仕事柄、食糧を作り出す術に長けた佐々木でないと、人造米を作るのはちょっと難しいのではないかと思われる。何より佐々木自身が認めているように、原料が入手できないとこれも作れない。そこで話はまた行き詰まる。佐々木君の話は大多数の会員にとっては、絵に描いた餅のような話であったのであろう。

◉漫然と無自覚に犬を飼うことは許されない

廃業の危機に追い込まれた畜犬業者たちは、飼料が少なくてすむ小型犬を勧める広告を出した。各畜犬誌も小型犬を勧めている。例えば『犬の雑誌』も一七巻一号（昭和一六年七月）で「小型犬特集」を組んでいる。曰く「事変も四年目に入り、犬界にも大きな変化があった。犬を飼うなら、お国のためになる軍用犬を飼おう」というのである。その辺をうろうろしている野良犬の飼育は遠慮すべきである。しかし、軍用犬の訓練ができない家庭もある。その場合は、飼料が少なくて済む小型犬を飼おうと勧めている。しかし小型犬を飼うにしても、単に愛玩犬として、可愛いからと無自覚に飼うのは望ましくない。

小型犬も研究的な態度で飼うことが望ましく、同誌で「それには犬種の純粋であることが必須条件で、犬を飼うなら純粋犬種を選び、且つそれを擁護することが大切です。即ち飼育にも繁殖にも充分に注意し、良心的に行なわなくてはなりません」（『日本犬』一七巻一号）と注文をつけている。とにかく、「漫然と」「無自覚に」犬を飼うことは許されなくなった。時局を考え、少ない資源や食糧を大切にしながら、常に国のために何ができるかを意識しなければならない。「純粋な種を選んで繁殖にも注意せよ」というのは、野良犬を生まないための方策でもあったろう。この記事はその後、小型犬向上のためには犬種団体をつくる必要があると訴え、小型犬各種の解説をして終わっている。

しかし、各畜犬団体はそれぞれ、自分たちの犬を守るのに必死で、連携して一緒に事態を打開しようとはしなかった。時流の圧倒的な勢いの前に、もはやそんな余裕はなかったのである。こういう時にばらばらに行動すると、形勢はさらに不利になる。そんな状況の中で、人気マンガ『のらくろ』が連載中止になった。

◉人気マンガ『のらくろ』連載中止

主人公の野良犬黒吉が、へまをしながら猛犬連隊で活躍するこのマンガを、もともと軍部は不快に思っていた。「神聖な軍隊を犬にたとえて描くとは何事だ」というのである。そうは言っても人気があるから、連載をやめさせることは難しい。作者の田河水泡も色々と気を遣って、大尉に出世するまで年数をかけた上、除隊して満洲に行かせている。

その満洲は「五族共和」を掲げていたから、登場人物を全て動物にするため、田河水泡はロシア人と思われる熊や朝鮮人と思われる羊、それに豚と思われる中国人を描いた。そこに情報局は目をつけた。ある日、呼び出されて「ブルジョワ商業主義にへつらい、（五族協和を謳う）国策を侮辱している」と大目玉を食らい、翌日から紙の配給がなくなった。

のらくろは全身黒の雑種で、足先が四本とも白い四つ白と呼ばれる色合いであった。一部の地域では縁起が悪いと言われて、生まれると捨てられることもあった。のらくろ自身、自分が孤児であることに劣等感を抱いていた。戦後版では、仲間たちがそれぞれ家庭や仕事を持っていく中、雑種で野良犬ののらくろは居場所を見つけられず放浪する（田河水泡『のらくろ放浪記』復刊ドットコム）。考えてみたら悲しい話である。『のらくろ』は設定や内容が面白かっただけではなく、目次のデザイン一つ見ても斬新でしゃれていた。欧米の映画やマンガの影響を受けており、昭和モダニズムの香りがする。軍部はそれも気に入らなかったのではないか。キャラクターグッズが売り出されたのも『のらくろ』が初めてであった。手塚治虫も『のらくろ』を模写していた。国民的マンガ『サザエさん』（姉妹社）の著者である長谷川町子は、田河の弟子である。『のらくろ』は戦後日本マンガの出発点なのである。

現代でも通用する、かわいくて、しゃれた絵と構図
出所：田河水泡『のらくろ総攻撃』昭和 12 年、大日本雄弁講談社

のらくろのモデルは田河が牛込に住んでいた頃、床下に住み着いた黒い雑種であるという。実際の田河は当時、立派な日本犬を飼っていて、客が来るとそれを自慢していた。しかし、ちょうど連載が中止になった頃、その犬もいなくなってしまったのであった。

◉軍用犬をめぐって続く議論

日本犬保存会ではその後も、

使役犬や軍用犬をめぐる議論が続いた。前年四月、京都の谷上巌がぶち上げた「改良のためには洋犬の血を入れることも辞さず、日本犬の定義や標準も根本的に見直そう」という日本犬再検討論は、波紋を広げつつくすぶり続けていた。

会報『日本犬』一〇巻二号（昭和一六年二月）に掲載されたこの「日本犬再検討論に寄す」は、改めてその主張に反論するものであった。筆者は吉備荘主人で、四国三名犬の一角、楠号を飼っていた岡山の安原俊一である。安原は銀行の支店長であった。彼は、谷上らの日本犬再検討論に真っ向から反対する。そして、「他犬種の優れた点は学ぶべきであるが、その血を入れることが改良につながるなどと、簡単に考えてはならない。家畜の品種改良も、近い品種でなければうまくいかないと聞く」「日本犬とシェパードは共に耳が立っているとはいえ、近い品種ではない。日本犬とも洋犬ともつかない犬を、すぐ使えるからといって飼うことに、どれほどの意味があるであろうか」と言い、「実役のみ急ぐ者はむしろ洋犬種なり雑種犬なりへ転向されることをお勧めしたいのであります」と再検討論に反対している。

次の『日本犬』一〇巻三号には二つの相反する意見が並んだ。まずは、洋犬の血を入れてでも軍用犬を育てようという主張に対する、平島藤寿の反論である。その核心は「然しながらどの犬種も使役犬として使用できるとは言い得ない。犬にはそれぞれ異なった性能、本能がある」（「使役犬について」『日本犬』一〇巻三号、昭和一六年三月）というものであった。それを巧みに利用して人間生活に役立てるのが、使役犬本来の在り方である。しかし、実際は、それもまた難しい作業である。複雑な近代戦にあっては、軍用犬にも細密な知能の働きが求められる。果たして犬にそれができるのであろうか。

◉軍用犬は役に立つのか

そして平島は、「聞くところによると」「我が軍の出先当局ではそれほど複雑な任務を犬に要求しないとか。にもかかわらず、軍犬使役の状況や成績は現地の報告を想像してみるとかなり悪成績で、多くの訓練科目が期待外れのように見受けられる」（同誌）と、言いにくいことをさらっと書いている。そしてはこう続ける。軍犬があまり役に立たないということを、詳細に発表することは出来ないし許されないのであろう。結局は、過大な期待を犬にかけたことと、訓練技能の未熟さがこの事態を招いたのではないか。つまるところ、その犬種の最も得意とする独自の本能を利用することによってしか、使役犬としては利用できない。

もちろん新体制下にあっては、犬も愛玩にとどまらず一役買う必要がある。しかし平島は、「とは言え私は熱に浮かされ時代に迎合していたずらに軍用犬論を振り回すことは慎みたい」「吾人は日本犬を雑種化せしむることを好まないし、日本犬の本質に叛かない限度において、使役犬としての体型性能を具備せしむることをあくまで主張したいのである」（同誌）と述べ、「もう保存の二字は外すべき」という会名変更論にも反対している。

◉日本犬を皇国のお役に立てましょう

しかし、同誌の次ページには「聖戦今や五年、幾多忠烈な皇軍将兵の苦難を冒し」という言葉で始まる、岩田正二郎の勇ましい軍用犬論が続く。（「日本犬界刻下の急務」）。岩田は「この機会に、我々の愛犬が成すべきことは何か。節米が叫ばれている今、ただ愛玩するために漫然と犬を飼うことが許されていいのだろうか」「日本犬を皇国のお役に立てましょう。祖国を守るは祖国の犬で、国策に沿うべく使役日本犬を作るのが現下日本犬愛好者の宿望でありまた責務であると存じます」と問いかける。

軍用日本犬論は、洋犬の血を入れてでも改良せよという少数意見と、日本犬保存の原則を維持しながら、訓練によって対応しようという二つの意見に大別され、その中間にいくつかの考えがあった。全体としては後者寄りの意見が多かったと見られる。しかし、そのための具体策や経験談が本部から一向に示されないという不満の声が、会員からしばしば出た。実際は保存活動で手一杯であったし、軍用犬をめざす体系的な訓練法を生み出すのは無理であったのであろう。

なお、この年には先年の帝国軍用犬協会に続いて、日本シェパード犬協会が畜犬飼料、今でいうドッグフードの試作に成功している。『犬の雑誌』は巻頭言で喜びを表明した。ドッグフードがあれば「お米の厄介にならなくとも、犬は立派に飼える、この自負心を持つだけでも犬飼いはどんなに朗らかに大手を振って犬が飼えるか知れず」（一七巻一号、昭和一六年七月）と、局面の打開に期待している。

◉犬界の新体制

商業誌として、やり玉に挙げられやすい難しい立場にあった『犬の研究』はこの頃、巻頭に「本会の新使命」を掲げていた。それは「現下の時局に即応するため、更に一歩を進め、犬界新体制の指導機関として全機能を発揮いたします」というものであった。そして毎月、巻頭言の最後に「犬界の新体制」として次のような標語を掲げていたのである。

一、犬にも代用食を給し、節米に協力しましょう。

一、有能の犬を飼いましょう。
一、そして役に立つ犬を作ることを心がけましょう。
一、特に軍用犬資源の充実に努めましょう。
一、野良犬及び野良犬類似犬の撲滅に期しましょう。
一、純粋犬種を擁護しましょう。
一、この際畜犬が単なる趣味・娯楽でないことを、我らの実践で立証しましょう。
一、犬の廃毛は捨てずに献納しましょう。

献納先　東京市麹町区三宅坂陸軍省馬政課

◉輓曳《ばんえい》犬の育成

同時に『犬の研究』は、荷物を運ぶ輓曳犬の育成普及を熱心に進めていた。少しでも犬を役立て、風当たりを押さえようとしたのであろう。同誌一七巻二号の巻頭言では「輓曳犬を全国に許可し　労力を救え」と訴えた。翌月号には「輓曳犬の普及　更に必要迫る　本社も一層積極的に乗り出さん」という社告を出し、賞金つきで写真の募集も行なっている。しかし、たとえ輓曳犬の育成普及事業が軌道に乗ったとしても、救える犬はわずかであったのではないか。しかし、それを大真面目に大々的にぶち上げなくてはならないほど、犬は切羽詰まった状況に置かれていた。

一方、警察による野犬撲滅はいよいよ盛んになっていた。もともと明治維新以降、狂犬病対策としての野犬撲滅は国の施策であった。予防策がなく、あらゆる哺乳類に感染して致死率ほぼ一〇〇パーセントであった狂犬病は当時、撲殺以外に手立てがなかったのである。犬猫不要論は、節米運動と皮革不足とが重なって広まっていった。その素地には公衆衛生としての駄犬撲滅があった。犬の供出は一般的な印象より複雑な問題で、多重構造になっていた。そこに同化圧力が加わって犬を追い込んでいくことになる。

日本人道会は『日本犬』や『犬の雑誌』などの畜犬雑誌に、「野犬と間違えられないためのお願い」を送った。当時は畜犬取締規則に無関心な飼い主が多く、そのために野犬捕獲で犬を失う例がよくあった。「捕獲犬は種類の良否を問わず、指定の三化製所に三日間拘留の後撲殺、一部を試験用動物にしている。その捕獲方法、抑留場の状態は惨を極めている」（『日本犬』一〇巻九号、昭和一六年九月）として、畜犬届けは飼い始めて五日以内に出すこと、必ず首輪と名札をつけること、狂犬病予防週間の間は外に出さないこと、発情中の雌は繋留しておくことなどの注意点を強く訴えた。

◉ドイツから出陳依頼

この昭和一六年には少しいい話もあった。ドイツ畜犬連盟から、八月にシュトッツガルトで開かれる特別大展覧会（ジーガー展）に、日本犬関連資料の出陳依頼が来たのである。具体的には「日本犬の写真や絵画、彫刻その他、日本犬に関するあらゆる資料」を希望するということであった。この大ニュースは日本の名誉として、『日本犬』のみならず『犬の研究』でも大きく伝えられた。連絡はドイツ大使館を通じ、日本シェパード犬協会会長で日本犬保存会の顧問である筑波磨侯爵のところに来た。

しかし、すでにドイツはソ連と戦争中であり、シベリア鉄道を経由してヨーロッパに輸送する道は閉ざされていた。斎藤弘吉は東京中央郵便局と交渉したが、ドイツ向けの小包発送は不可能なので受理できないと断られた。そこで今度は外務省に出向いた。しかし、ドイツ駐在日本大使に送るものがある時、特別に一緒に送ってもいいが、次はいつになるかわからない。アメリカ経由なら可能だが、これには相当の日数がかかるから、展覧会には間に合わないであろうとのことであった。

ドイツ大使館にも問い合わせたが、もはや郵送は不可能なので、先方には日本犬保存会の厚意を充分に伝えておくという返事であった。日本シェパード犬協会理事で日本犬保存会の会員でもあった中島基熊は、自費で渡航し、資料だけでなく優秀な日本犬も数頭連れていくと申し出るほどの張り切りようであった。しかし国際情勢がそれを許さなかった。この頃はもう、ドイツからのシェパードの輸入も途絶していたのである。

◉痩せ細る会報『日本犬』

『日本犬』には、研究論文の掲載がみるみる減っていった。物資もなく思想統制も厳しく、誰もが自分の生活を守ることで精一杯になっていたのである。軍用日本犬論さえ下火になった。内容は次第に支部動向などの事務的な連絡のみになって、「会員の声」欄が最大の読み物になっていた。ただ、出征兵士からの投稿は続いていた。例えば佐々木康男の、「〇〇にて」と題する投稿である。

「実に大陸は獣猟日本犬の独壇場と存じます。狼、ノロ、兎、猪などおよそ日本犬の好敵は無数であります。またこの獣類の被害に開拓団がいかに苦しんでいるかご想像ください。大陸進出は独り人ばかりでなく日本犬にも叫ばれるべきだと想います」（『日本犬』一〇巻九号、昭和一六年九月）。

軍事機密なので伏字になっているが、内容からして満洲からの投稿であることがわかる。開拓団とは満蒙開拓団のことで、旧満州に国策として送り込まれた農業殖民である。昭和一一年（一九三六年）から試験的に始まり、最終的に三〇万人近くが移住した。日本の敗戦直前には根こそぎ動員で男性の多くが招集され、少なからぬ者がソ連に抑留された。そして、残された家族は命からがら日本を目指して苦難の逃避行に出る。

『日本犬』の「私と犬」のところで、軍国主義一色の会員として紹介した九州の金子明史も出征し、彼の地から投稿している。「北支〇〇より」と題された投稿は「お陰を以て無事元気に御奉公しております」という挨拶から始まる。中国大陸を転戦していた金子は、家族から愛犬が死んだという知らせを受け取っていた。

金子は「出征以来忠勇号は昨年十二月四日、本年四月マル号もまた死亡した由家から来信ありました。身替わりかどうかわかりませんが愛惜の至りです。犬籍簿が出ましたら送って頂けませんか。いずれ又後便にて」と悲しみを控えめに表現している。忠勇号は金子が、「日本犬はよろしく皇国軍人の如くなるべしとの理由により」命名した犬であった。

◉悲壮感を帯びていく編集後記

そんな中、『日本犬』一〇巻一一号（昭和一六年一一月）に、ちょっと癒される投稿が掲載された。「防空壕を掘る犬」である。それは「私のところの犬は防空壕を掘る。実に非常時局的なことである。近所そこらの犬とは多いに趣を異にして銃後軍国犬として意を強くするに足るのである」という内容であった。筆者の札幌市在住ＡＢＣ氏によると、飼い犬が庭を何日も何日も掘り続け、とうとう防空壕になりそうな深さになったという他愛ない話題である。筆者が埋めても埋めても掘るという。「まさに軍国犬一風景か・・・」という投稿が、わずかな癒しになるような世情であった。
『日本犬』の編集後記も、月を追うごとに悲壮の色を帯びている。一〇巻五号の編集後記は「日本犬も単なる打算や射利心だけで飼育したり作出することの困難な状況になった」という言葉で始まる。編集子はつぶやく。考えてみれば、最近の日本犬界はあまりに幸運であり過ぎて、実態が追いついていない面があった。四年前、「日本犬界は隆盛の一途である。陸軍はどうして日本犬を冷遇するのか」と激烈に訴えた谷川が、すっかり意気消沈している。

翌月の編集後記はさらに沈痛なものになった。「今から夏痩せでもないが、今月の会誌は無惨なほど痩せ細った。予定していた関西総支部展、秋田支部展などの報告も遂に間に合わなかった」と、弱音を吐いている。すでに前年五月に表紙が消滅した『日本犬』は、紙質も内容もどんどん寂しいものになっていた。普通、紙質は時代を遡るほど悪いと思いがちだが、事実は逆である。昭和七年（一九三二年）の創刊号は紙質も良く、今でも実物を安心して読める。しかし、昭和一四年（一九三九年）頃から紙質が悪化し、昭和一五年（一九四〇年）になるとわら半紙になってしまい、触ると破れてしまいそうなものになった。

◉人手不足で印刷所も休業

谷川の嘆きは続く。月刊といっても名ばかりで、申し訳のように発行していて自責の念に堪えない。もっと編集に計画性があるべきなのだが、日本犬界、広くは犬界の客観的な情勢や編集子の個人的な理由で行き当たりばったりになっている。「個人的な理由といえば、さらでだに多忙なところへ時節柄様々な雑務が増えており、職員の欠員や異動で事実上の能率は低下してくるし、つくづく長嘆息しているものである」と嘆いている。

職員の欠員や異動というのは、主に出征による人手不足である。日中全面戦争が始まって大量に招集したために、職場からも地域からも若い男性がいなくなっていた。すでに昭和一四年（一九三九年）には国民徴用令が出されて、中等学校以上の生徒が勤労動員に駆り出され、軍需工場などで働いていた。この招集と勤労動員はやがて究極まで推し進められる。四〇歳を過ぎた帝国大学教授にまで召集令状が届き、学校は授業を停止して生徒たちはひたすら働くことになるのである。

昭和一六年（一九四一年）の『日本犬』一〇巻一〇号は月遅れでの発行となった。発行人は「十月号は遂に休刊の止むなきに至り面目ない始末である」と、編集後記に書いている。理由は人手不足による印刷所の休業である。相次ぐ出征によって、ついに印刷所が機能しなくなってきたのである。「詳しく申せば十月二十二三日までには発行の手はずになっていたものが何と十一月に入って漸く初稿が出るような有様で」、編集子の責任とはいえ、商道徳の頽廃に抗議したいと憤慨している。

◉軍用犬関係三団体の合併

ところで昭和一六年（一九四一年）末に刊行された『犬の研究』の巻頭言で気になることが書かれている。「最後に犬界の新体制とも云うべき、軍用犬関係の三団体の解消、新団体結成運動は、各団体の代表委員迄選出されて具体化しながら、いまだ小委員会に膠着して、今年度実に何等の成果も見られなかったのは、犬界の目覚ましい発展の喜びに反比例して誠に遺憾千万であります」（一七巻六号、昭和一六年一二月）というものである。

「犬界の新体制ともいうべき新団体結成運動」は、今年もまた実現しなかったと嘆いている。この「犬界の新体制」とは何であろうか。そして日本犬保存会はこれにどう関わっていたのか。その具体的な内容は翌年一月、白木正光犬の研究社社長による「昭和一六年の犬界を顧みて」の中に書かれている。それによると軍用犬団体の大同団結は昨年秋から持ち越された問題で、関係者も大いに期待していた。しかし昨年中には実現に至らず、白木は非常に残念がっている。その続きを読むと、新団体結成とは結局のところ、帝国軍用犬協会と日本シェパード犬協会の合併問題であることがわかる。

白木によると「由来帝犬、ＪＳＶの合同問題は昭和九年以来の懸案であり、一昨年秋馬政課の肝入りで両団体が解体して新軍犬団体を結成する話が出たのだが、具体的の話になって暗礁に乗り上げてしまったのを昨年正月になってさらに日本犬保存会を加え、今度こそトントン拍子に進行するように思われた」。しかし、次第に雲行きが怪しくなり、結局はうまくいかなかった。

今川勲著『犬の現代史』には、帝国軍用犬協会発足後も日本シェパード犬協会に、「日本犬保存会理事で帝犬の特別会員でもあった斎藤弘吉の斡旋で、『双方対等の条件による合同の話』が持ち込まれた」と書かれている。昭和一五年（一九四〇年）には「両者を解散して、新たに『大日本帝国軍用犬協会』をつくろうではないかという提案が、軍部から差し出された」とある。つまり最初は斎藤から、昭和一五年（一九四〇年）には軍部から話が持ち込まれたということになる。しかし、斎藤が自分から動いて合併話を持ち込むようなことが果たしてあるのであろうか。

◉合併交渉と斎藤弘吉

「斎藤の斡旋で、『双方対等の条件による合同の話』が持ち込まれた」という記述の出典は、「KVとJSVとの合同に関する交渉の経過報告」で、日本シェパード犬協会が会報『Shepherd』昭和一一年（一九三六年）一〇月号に掲載したものである。KVは帝国軍用犬協会、JSVは日本シェパード犬協会である。そこには「昭和一〇年　日本犬保存会理事斎藤弘氏、双方対等の条件にてKV、JSVの合同に斡旋尽力されるも、成功するに至らず」とある。

翌年には正式な合併交渉が行なわれた。しかし、少数派の日本シェパード犬協会が対等合併を主張して譲らず、会長の人選や新しい会名などで一致点を見いだせなかった。この状況を嘆く人間も多く、第三者的立場の『犬の研究』には、理事たちの実名を挙げて批判する声がたびたび寄せられている。具体的には「二つの団体が並立していたのではわかりにくい」「KVは量、JSVは質的に優れているのだから譲り合うべき」、「時局重大の折から、幕末に江戸城無血開城を実現させた勝海舟の誠意、西郷南州の度量に学べ」という内容である。

この段階では日本犬保存会は加わっていないから、なぜ斎藤が動いたのかわからない。日本犬保存会には斎藤以外にも、第一回軍用犬耐久試験の審査委員長を務めた板垣四郎博士のような、帝犬と関わりの深い理事がいた。また相馬安雄や中島基熊のように、日本シェパード犬協会の中心者である会員もいたから、軋轢のない日本犬保存会は第三者的な立場を期待されたのかもしれない。

その後、昭和一四年（一九三九年）にもまた合併話が出た。『犬の研究』一七巻一号（昭和一六年七月）が、冒頭で少しだけ触れている。それによると創設委員には三団体から三名人、軍犬を統括する陸軍馬政課から一人の計一〇人がすでに決まっており、六月九日軍人会館（戦後の九段会館）で二回目の会合が開かれた。そこで規約、綱領などの起草委員が各団体から一人ずつ選ばれている。日本犬保存会から選ばれたのは美濃柴犬の保存に取り組み、戦後に審査部長になった石川雅宥であった。

水面下での交渉であったが、それでも噂は伝わったようである。「無題」という投稿（『日本犬』一〇巻四号、昭和一六年四月）で「九頭いた犬が三頭になって寂しい」と嘆いていた天野太一が、同じ文中で新団体結成について触れている。「まず非常時局、犬界統一新犬種団体の結成（註　我が国各種畜犬団体を総合して一丸としたる団体の結成）は聴くところによると我が日本犬保存会も新機軸の一環として華々しく参画する由」、旧態以前で萎縮している日本犬の発展を期する上でも、大賛成であると天野は述べている。

◉犬界の挙国一致体制

この新団体は昭和一六年（一九四一年）四月に発足することになっていた。『犬の研究』はそれを記事にしようと、四月号の印刷をぎりぎりまで待っていた。しかし結局、新団体結成は四月号に間に合わなかった。仕方なく掲載を予定していたページを白紙にして、こういう断り書きを載せている。それは「遺憾なり四月一日発表予定の団体の結成未だしその原因は？　この稿暫く空白のまま留保す」という一文であった。

天野が伝え聞いたところでは、新団体結成問題は昨年末頃、陸軍馬政課が各犬種団体の幹部を呼び、具体案について数回に及ぶ話し合いが持たれたようであるが、実現には至らなかったようである。天野は「僕に率直に云わしむれば××××等の×××××の行為により全国幾万の愛犬家たちが迷惑をこうむり、いかに犬種向上を阻止していることか」（同誌）と嘆いている。この××××にどういう言葉が入るのか、気になるところである。結局、シェパードを擁する二団体の溝は埋まらなかった。

一方、天野は各団体が合併することによって、何が得られると期待していたのか。天野は今の畜犬団体に見られる欠点として、例えば犬籍の二重登録を指摘している。「現犬界の覇者シェパード」にも二重登録が多く、中には名前を二つ持っている犬もいる。日本犬に至ってはもっと混乱していて、同じ犬に日本犬保存会の他、日本犬協会、秋田犬保存会、中には業者が発行した登録番号までついている場合がある。また展覧会の審査基準も欠陥が多く統一性に欠ける。同じ犬を二つの団体で審査すると、全く違う結果が出ることがある。これらは各団体の因習がもたらしたものである。

◉日本犬保存会の生き残り策？

また、天野は「非常時節米が叫ばれている今日、我々愛犬家はこぞって一丸となり、新団体の結成を一日も速やかにと切に願うものである。わが日本犬保存会もいついかなる時にもその胸襟を開き、新団体結成のあかつきには他会に率先してそのその一翼に馳せ参じるべきだ」（同誌）と、合併に、畜犬文化全般の改革と向上を期待していたように思える。近衛内閣が新体制運動を打ち出して以降、あらゆる組織が合同し、一丸になって進む挙国一致体制に期待が集まっていた。犬界も分散している知恵や知識、力や人材を一つにまとめて問題を解決しようということである。業者や訓練士たちも、軍犬報国を旗印に次々と団体を結成していた。

推測するに二度目の合併話は、帝犬と日本シェパード犬協会だけの合併がうまくいかないため、そこに日本犬保存会を緩衝剤として加えようとしたのではないか。畜犬団体は他にも色々あったが、国のお墨付きを得た日本犬保存会が一番時流に合っていたし、何と言っても大きな組織に成長していた。日本犬保存会が加われば、単なる合併ではなく主要畜犬団体の合同にもなる。

しかし、『愛犬の友』平成元年（一九八九年）二月号掲載の座談会で、秋田犬協会副会長を務めた岡田睦夫がこの問題について、「またあの当時は軍用犬にしようというので、日本犬保存会も軍用犬協会と抱き合わせでもって、生き延びようとしたんでしょうけどねぇ。結局まぁうまくいかなかったんだそうですねぇ」（「故・京野兵右衛門氏を語る2」）と述べている。やはり時局柄、日本犬保存会が生き延びる方策でもあったということか。その場合、他の畜犬団体はどういう位置づけであったのであろう。やがては全ての団体が加わる、犬版大政翼賛会にするつもりであったのか、それとも愛玩犬など眼中になかったのか。今となっては全てが謎である。

◉「他の犬種団体は何をしているのか」

ただ一つはっきりしているのは、犬の研究社社長の白木が乗り気であったことである。白木は一貫して、水面下で行なわれていた交渉の経緯を知っていた。また今川勲著『犬の現代史』によれば、犬の研究社から日本シェパード犬協会に軍犬報国座談会を開くという知らせがあり、行ってみたらずらりと軍人が並んでいて、合併話が延々と続いたこともあったという。白木がどれぐらい関わっていたのか、それが個人的心情なのか経営判断なのかも知りたいところだが、これもはやわからない。

白木は『犬の研究』の「昭和一六年の犬界を顧みて」の中で、「他の犬種団体は何をしているのか」と批判している。「軍用犬の流行に反し、他犬種は概して気勢揚がらず、中には意識的な沈黙を守っている人達もあるようである。展覧会も軍用犬及び日本犬の他の軍猟犬種展はほとんど影をひそめている」と嘆いている。現実には、国のお墨付きを得た軍用犬や日本犬以外は、展覧会どころではなかったはずである。だから変に目立って批難されないように、「意識的に沈黙を守って」いたのではないか。頭を低くして嵐が過ぎ去るのを待っていたのであろう。しかし、嵐はどんどん力を増していた。

白木は同時に、今年は犬関連の出版が振るわなかったと嘆いている。具体的には「各会の会誌もとかく遅れがちで、展覧会の予報が終了後に発表されるという不手際も応々演ぜられた。しかし本誌のごとき発行が一日遅れても運営に大支障をきたす営業雑誌の発行まで遅れるような現状ではこれもやむを得ないことであろう」（同誌）と、最後は諦めの境地である。その一方で、経営はどんどん苦しくなっていったのではないか。

第六章　日本犬保存会、無念の活動停止

◉第一〇回本部展の日に太平洋戦争開始

昭和一六年（一九四一年）も押し詰まった一二月八日、ついに太平洋戦争が始まった。まさにこの日、上野では日本犬保存会の第一〇回本部展が開かれていた。広島県呉市音戸島で、名犬長春号の仔である菊二郎号と、ゴマ号の仔である土沙女号を飼育していた岡林俊樹は、この時のことをこう回顧している。

「菊二郎号と二頭を連れて東都の上野公園における第十回本部展に出席したのが最後となって、あの大戦は勃発したのである。ああ万事休す！」（岡林俊樹「四国犬」『日本犬大観』）

この時、四国犬クマ号との競り合いに勝って文部大臣賞を獲得したのは、紀州犬の神風号であった。紀州犬界は、前年の小竹の鉄号に続く快挙に湧いた。神風号は昭和一三年（一九三八年）の生まれで、明神系ダイ号の仔である。ダイ号は三重県亀山市の医師、宇井智の飼育犬で、紀州犬の第一回の天然記念物指定犬であった。栗のイガを思わすような角度のある剛毛、力強い太い尾を持つ精悍な犬で、宇井が大切にして他所に出さず、門外不出の名血と言われた。その名は、直仔神風号を始めとする仔や孫たちの活躍によって、今日まで伝えられている。

なおこの頃、宇野博という人物が、「東京郊外で、武道を専門にするK学校の学生たちが、犬を試し斬りしているということは学校付近で有名だったらしい」（「犬を食った東大生」『愛犬の友』昭和三三年二月）と、戦後に書いている。犬猫など無用であるという風潮が、こういう行為を誘発したのであろうか。野蛮であることが、さも勇敢であるように言われていた時代である。

昭和17年（1942年）にはこんな出来事が

- アメリカ軍、本土を初空襲
- ミッドウェー海戦で戦局が悪化
- アメリカ軍、ガダルカナル島に上陸
- 国家総動員法に基づく獣医師等徴用令施行
- 会報『日本犬』の紙質がさらに悪化

筆者の宇野は当時、「動物愛護」という定期刊行の小冊子を読んでいた。その中に、犬を試し斬りする学生を批難する文章が載っていた。その文章は学生たちのニセ愛国ぶりを批判する、ヒューマニズムあふれる文章であった。この時代にも、こういう声が上げる人間がいたのである。その小冊子の「動物愛護」という題字は、愛犬家で知られる荒木陸軍大将の特徴ある字体であった。

◉ミッドウェー海戦で早くも戦局が悪化

『日本犬』一一巻一号（昭和一七年一月号）の編集後記は、真珠湾攻撃成功の直後だけあって、久々に勇ましい。「皇紀二千六百二年。戦勝の春を寿くとともに本年こそアングロサクソンの世界的支配を徹底的に粉砕せずんば止まじ。大死一番猪突あるのみ。すでに我ら用意も覚悟もできたり」と書かれた意気軒昂な文章である。

『犬の研究』には一八巻一号（昭和一七年一月号）で「対米英宣戦の大詔」、つまり太平洋戦争開戦の詔勅全文が掲載され、「本誌は今年で十周年を迎えますが今年位感激に満ちたお正月はありません。またこの有り難き詔書を本誌にのせられる嬉しさは十年の苦心が悉く酬いられるような気がします」といった言葉が添えられている。当時の日本人としては普通の態度であったが、それだけではなかったと思われる。軍用犬や日本犬に特化せず、全犬種の飼い主を対象

朝日新聞　夕刊

帝國・米英に宣戰を布告す

西太平洋に戰鬪開始

布哇米艦隊航空兵力を痛爆

宣戰の大詔渙發さる

詔書

社説　帝國の對米英宣戰

太平洋戦争開戦を伝える新聞の一面
出所：『朝日新聞』昭和16年12日付夕刊

にしていた商業誌『犬の研究』にとって、国策に協力することは生き残るために必須の条件でもあった。

◉奮闘する『犬の研究』

犬猫無用論も経営に直結する大きな脅威であったはずである。この巻頭言では同時に、「灯火管制中の愛犬家心得　愛犬は必ず繋留せよ」と注意を呼びかけている。夜、灯火管制で暗い中、犬が放し飼いにされていることに対して批難の声が沸き上がっていた。この事態を猛省しなければ、畜犬有害論が広がっていくであろうと警鐘を鳴らしている。

『犬の研究』の八巻三号（昭和一七年三月）では大々的に奉祝事業を発表した。「本社の奉祝事業　輓曳犬研究資金を提供　五百円を拠出・研究志望者を募る」というものである。さらに翌月の巻頭言は「本誌十周年」と題し、他の畜犬誌が次々に消える中、創刊以来一回の休刊もなく発行してきたと胸を張っている。そのことが「本誌が唯一の総合畜犬誌となったことは、愛読者諸氏の絶大なる庇護によることはもちろんでありますが、一面、本誌が創刊当時早くも新体制的体制を堅持し、極力無駄を廃し人件費を堅実一路に辿ったことも大いに與っていると信じます」に表れている。『犬の研究』は困難な中で大奮闘していた。

一方で会報『日本犬』は昨年からもう、支部の動向と事務連絡以外は特に読み物もなくなっていた。秋田犬保存会の平泉会長も、依頼されたのであろうが『犬の研究』の方に記事を書いている。「秋田犬を語る」というその記事（『日本犬』一八巻三号、昭和一七年三月）は主に、軍用犬への挑戦について述べたものである。

秋田犬は数頭とはいえ、ともかく軍用犬になった実績がある。そこで「さらに秋田犬軍用犬化をめざしてこの非常時局に対処することとし、今春から訓練部を設け、軍用犬訓練に経験のある訓練士を迎えて訓練を開始した」（同誌）と誇らしげである。しかし実際は、軍用犬として役立つには程遠く、体の大きい秋田犬は戦争末期に最も大きな被害をこうむることになる。

◉会員の嘆き

中身がスカスカになった会報『日本犬』は、日本犬界の意気消沈ぶりを反映するものであった。会員たちは会報が届く度に、暗い気持ちになっていたであろう。薄くなっていく一方の会報は、日本犬に迫る運命を暗示するようであった。『日本犬』の一一巻六号（昭和一七年六月）に掲載された「このごろ」が、そんな会員たちの声を代弁している。投稿者は河原井晋である。河原井は神戸市須磨区在住で大丸神戸店勤務、中型を二頭飼っていた。犬舎名は、自宅の背後にそびえる鷹取山から取った鷹取であった。

河原井は「会誌がお話にならぬほど寂しくなった。これは総ての会員が感じていることであろう。私はいわば会誌会員である。会誌を唯一の楽しみにしている故に会誌を抜きにしては保存会会員として入会している意味をなさぬのである」（同誌）と嘆く。これも時局の影響なのであろうが、それならまだ他に、廃刊や制限してもいい雑誌はいくらでもある。『日本犬』のような意義のある、しかも発行部数の少ない定期刊行物を極端に制限する必要はないであろう。会誌がここまで寂しくなった責任は、指導者だけでなく会員も負うべきである。

記事が集まらないなら、既刊会誌の中から再掲載してもいい。元通りの会誌を発行せよというのではない。願わくば内容の豊富な会誌を、いわゆる会誌会員の手許に届けて欲しいのである。「会員各位も記事の巧拙は問題外として、自分たちの会誌を意義あらしめようではないか」（同誌）と、河原井は会員たちに奮起を促している。

◉飼料不足を工夫と努力で乗り切る

河原井は、ここ数年『日本犬』誌上を賑わしてきた軍用犬論議には全く触れていない。のみならず、この難しい状況の中で数人の同志と紀州産日本犬同好会をつくっている。そして「先覚者たちには、お前はまだ地方色に憂き身をやつしているのか、と笑われるかもしれない。しかし、私の貧弱な考えでは地方色あって初めて日本犬の意義がある」（同誌）と、洋犬に勝つことより地方色の重視を訴えている。

また飼料不足については、独自の工夫と努力で乗り切っている。河原井は大衆食堂に勤務しているので、客の残した残りものを再利用していた。一度水で洗い、熱湯をかけて味を抜き、それを太陽に干す。さらに夕方、洋食用のオーブンに入れて帰ると翌日は九分通り乾いているので、それをまた太陽に干して完成する。

これに熱湯をかけると量が倍になる。それに飯とぬかを少し加えて犬に与える。この自家製混合飼料にしてから、犬に与える米は、それまでの半分ないし三分の一で済むようになったとのことである。その創意工夫には感心する。しかし、それも食堂に勤務しているからこそできるのではなかろうか。一般家庭ではそもそも、もはや残り物など出なかった。

◉戦地便りが唯一の読み物

こういう状況下、敢然と立ち上がって一人気を吐いたのが北海道支部長の足達一彦である。足立は『日本犬』の一一巻四号（昭和一七年五月）から、いきなり「犬界放話」という随筆を書き始めた。内容は、樺太へ行って博物館に展示されている犬の剥製を見たとか、仔犬を飼う時に母乳の不足をどう補うかといった、時局とは全く関係ないものであった。敢えてそうしていることは歴然である。足立は、帝国軍用犬協会北海道支部の幹事でもあった。「君、よく書くね」「あまり色々書かない方がいいんじゃないの？」という忠告もあったそうであるが、安達はひるまずに時局と無関係のことを書き続けた。

この頃になると『日本犬』の「会員の声」欄は「会員通信」と名前を変え、数少ない読み物となっていた。しかも、投稿者のほとんどは出征している会員である。銃後の会員より出征兵士の方が積極的に投稿してくるという、逆転現象が起こっていた。それだけ会誌が心の支えになっていたのかもしれない。

例えば「北辺便り　上野正之助　貴会には益々発展のことと推察致します。私も元気で北辺の護りにいそしんでおります」（『日本犬』一一巻四号）という満洲からの投書である。満洲に来てもやはり好きな犬に注目しているという上野は、満洲犬が日本犬そっくりなのに驚くと共に、内地の日本犬を心配し、「大東亜戦争下のその後の日本犬の情勢はいかがですか。食糧問題も深刻なことと存じます。我らと祖先を共にし純血を守ってきた愛すべき日本犬のためにこの際いよいよご尽力下されたく熱望致します」（同誌）と書いている。

また「ハルピンにて　黒田年正　ご無沙汰しました。その後はますます元気で軍務に精勤いたしておりますからご安心ください」（同誌）という投書もある。そして内地は梅雨も終わったであろうか、満洲の空は青く広く毎日暑い太陽が照りつけていると日本に思いを馳せて、「毎々会誌ご恵送頂いておりますが残してきた日本犬を懐かしく偲びます」（同誌）と、その心情を記している。

◉北満とビルマより

出征した会員も、会報（『日本犬』）が痩せ細っていくのを心配していた。「北満より　竹村栄吉　こちらに参りましてからも会誌の到着を毎日のように待っている小生には、この度の会誌の体裁が一変したことは淋しい限りです。然し時節柄やむを得ないと思っていますが今から特別号を楽しみに致しております。発行なり次第直ちにお送りくさだい」という投書もある。体裁が一変したとは、表紙までわら半紙になったことであろう。しかし、こういう会員通信も毎号載っているわけではなかった。内地でも投稿する人間がいなくなっていた時期、戦地から投稿するのは大変な情熱である。次に会員通信が掲載されたのは『日本犬』一一巻九号であった。九号といっても発行されたのは一二月である。もはや毎月発行するのは不可能になっていた。

ビルマからの投稿も掲載されている。「ビルマ戦線より　藤原市三郎」という岐阜の会員からのものである。そこには「自分も犬狂の事とて、当国へ参りましてからも目につくものは犬であり、また犬を見る度に思い出すものは犬友の諸兄の事や家に残してきた愛犬のことであります」と日本の犬を偲んでいる。留守宅では夫人が七頭の紀州犬を養っているという。しかし果たしてこの時点で、七頭の中型犬を養いきれていたであろうか。藤原市三郎によると、仏教国で野犬狩りをしないため、犬は至るところに群れをなしているという。しかもなぜか雑種化したものが少ない。そして、ビルマ人は日本人によく似ていて、ビルマ犬も日本犬にそっくりであるということが書かれている。紀州や土佐の名血を思わせる犬に出会い、立ち止まって見とれることもあるという。しかし、これらのビルマ犬と支那《チャウチャウ》犬と交雑すると、三河犬そっくりになるそうである。藤原は「皆様には何とぞ、日本犬の純血を乱す三河雑犬の撲滅を図られんことを切望致しまして筆を置きます」と、戦地から三河犬の混入を心配している。

◉『日本犬』の編集後記、悲痛な調子に

『日本犬』の編集後記も昭和一七年（一九四二年）一月号では久々に勇ましかったものの、諸般の理由で発行が遅れ、入賞犬の写真も掲載できなかったことを詫びている。これが次号では一層悲痛な調子になっている。内容も弁明調で、「様々な意味から、さまざまの事情から会誌の編集、発行が困難になってきた。これは休刊、遅刊や減頁に対する弁解のように聞こえるであろうが事実つぎつぎ幾多の障害、不快事が生ずる許りである」と、次々に襲いくる困難を告白している。今や国家の、民族の、世界の有史以来の大変動期である。しかし、日本犬の使命は大きく、「男子一生の為事として、日本犬に心身を投げ没する気鋭の士の出現を待つや切である」と悲愴そのものである。

　すでに会報『日本犬』は、わら半紙十数枚の寂しいものになっていた。四月発行の三号には、谷川三郎の引退の弁が述べられている。谷川は昭和一三年（一九三八年）以来、この困難な時期に会誌の編集発行人を

務めてきた。先年来退職を希望していたが、いよいよ去るとなると一抹の淋しさを覚え、「会誌は近来全く不運が打ち続き休刊、遅刊、減頁と不体裁を極めたが、一編集子の力では何とも致しようがなかった。小生としては重なる不運に刀折れ矢尽きた思いであるが、今後生々気鋭の士が現れ頽勢を既倒に復えさんことを切に祈る。日本犬誌よどうか多幸なれ」と、最後は祈るような言葉で結ばれている。頽勢を既倒に復えさんとは、劣勢を押し戻すということである。

あんなに勢いが良かった軍用日本犬論者の谷川が「刀折れ矢尽きた思い」と吐露するのを、会員たちはどういう思いで読んでいたのであろうか。次の『日本犬』の編集後記は昭和一七年（一九四二年）七月発行の五号に載っている。後任が見つからなかったのか、編集兼発行人は谷川名のままである。「あながち紙の不足ではない。手不足からでもない。予算が足りぬからでもない。最大の原因は原稿が得られないから、このような体裁の会誌になったのである」と嘆き節である。もはや、会誌のために原稿を書く人間もいなくなっていた。

この年（一九四二年）最後の編集後記は、九月に出た七号の巻末にある。もはや嘆きを通り越した諦めの境地が見てとれるのでそのまま紹介しておく。

「しかし大勢というか機運というか、昨今の日本犬界の沈滞は、何か日本犬について書こうなどという誰彼の殊勝な気持ちをほとんど追放してしまったらしく、結局本誌もとことんまで沈んでしまわなければ浮かぶ術が発見されぬだろうと思う」

犬の飼育は実質不可能になり、多くの畜犬業者は廃業に追い込まれた。一方、戦火の拡大と共に獣医不足も深刻になり、国家総動員法に基づく獣医師等徴用令が施行されている。中国大陸には七〇万頭近い馬を連れていっていたし、軍犬もいたから獣医が足りない。獣医が出征してしまった銃後ではさらに足りなかった。そこで、正式の資格を持たない「獣医手」制度を二年前に創設しており、その獣医手も徴用できるようにした。

◉獣医師、朝倉四男児《しおじ》父子の戦争体験

余談になるが筆者が品川に住んでいた頃、近くのかかりつけ獣医であった朝倉文夫獣医は珍しい戦争体験をしている。親子二代の獣医で、父親の朝倉四男児は白金台の近くで海軍大学前病院を経営していた。しかし昭和一六年（一九四一年）六月一二日、四男児は招集されて満洲へ出征する。長男の文夫が生まれて三日目のことであった。後に関特演と呼ばれる、関東軍特別演習に向けた第一次招集である。ソ連との開戦に備えた大演習を兼ねた兵力増強で、七四万人の大兵力が終結した。四男児は現在の黒竜江省にあった東安市で、主に犬の治療などにあたることになった。

やがて東京にもB29が姿を現すようになり、心配した四男児は家族を呼び寄せることを決める。獣医は将校待遇であったので、それが可能であったのである。昭和一九年（一九四四年）一二月、三歳の文夫は母親の千代と二人で満洲へ渡った。獣医には当番兵がつき、父親が馬に乗って帰宅すると、その馬に文夫を乗せて近辺を一周りしてくれた。

そんな日々もソ連の参戦によって終わる。部隊が吉林で武装解除になり、一ヶ月後に日本へ帰れると言われて一家は汽車に乗せられた。しかし汽車は西へ向かう。これはシベリア行きであった。ここで別れたら一生会えないかもしれない。四男児は家族を一緒に連れていく決断をし、二人目を妊娠中の千代に男装をさせ、

息子の文夫を布でくるんで網棚に乗せて国境を越えた。

汽車は止まっては走り、一ヶ月かかってシベリアに到着し、さらに一昼夜歩いてアルタイスカヤに着いた。文夫は半袖半ズボンの夏服である。千代は何とか流産しようと、汽車から飛び降りてみるなどしたがかなわなかった。これは家族抑留という珍しい事例である。朝倉一家は三ヶ所ほど収容所を移り、文夫は幼稚園に通い千代は病院で出産した。病院に行く時には、こんなところで出産して果たして無事に戻ってこられるのかと、涙がとめどなく流れたということである。

帰国できたのは昭和二二年(一九四七年)の一二月で、船でナホトカから舞鶴に入港し、しばらくは出身地である静岡で暮らした。引揚者は、すぐには東京に入れなかったからである。ようやく翌年の四月に上京し、商店の軒先を借りて朝倉家畜病院と名称を変えて再開した。著者は母親の千代が鬼籍に入る前、その貴重な体験を聞かせてもらった。

◉動物愛護に関する重要な座談会

こういう緊迫した情勢下に東京の一角で、日本の動物愛護に関する重要な問題が議論されていた。平岩米吉が当時活動していた二つの団体、動物愛護会と日本人道会の代表者たちに声をかけて、動物愛護に関する座談会を昭和一七年(一九四二年)八月一〇日に開いたのである。場所は目黒雅叙園であった。この座談会は、昭和一七年(一九四二年)九月発行の『動物文学』八七号に掲載されている。参加したのは日本人道会代表で獣医師の渡辺和一郎、同会会員の高橋和子、そして動物文学会会員で画家の清水良雄であった。動物愛護会代表で東洋大学教授の広井辰太郎は体調が悪くて参加できず、誌上参加となった。この座談会は今なお解決できない、日本文化の根本的な問題を問うものとなった。

平岩は最初に重要な問題提起をしている。動物愛護はとかく精神的な面から語られがちだが、人と動物との関係は人間が動物を利用することから始まっている。この点を無視して愛護のみを語ることはできない。だから観念的な議論にならないよう、実際的な面も考慮に入れて話してもらいたいと念を押した。

そこでまず、広井と渡辺がそれぞれの会を設立した経緯を語った後、動物愛護はその国の文化水準に比例するという話になった。そして画家の清水が「日本人の素質はいいのではないか」と述べたことに、人道会の高橋が強く反論したのである。そこから、日本と西洋の動物愛護に対する考え方の違いが浮き彫りになる。高橋は居留地のあった横浜で育ち、外国人たちとつきあって西洋式の動物愛護精神を身につけていた。そして東京に出てきて、日本人が動物をひどく扱っているのに驚いたと述べた。

それに対して、高橋は画家らしく日本人の情緒について、「社会的な設備とか、社会的な訓練は経ていませんが、一茎の花に対してはどんな教養のないものでも物の哀れを感じる。これは日本の文学や絵画にしても同じで、自然の事物に対しては全て優しい情緒を持っているという点は日本民族の特長ではないかと云う気がするのです」と語った。これには人道会の渡邊も賛同した。外国人はよく日本人は動物を虐待するというけれど、一概にそうは云えない。例えば日本では、牛や馬は人間と一緒に暮らしている。しかし、西洋では離れたところに置いて、餌をやりに行くだけである。

◉日本人は安楽死を好まない

また、高橋和子は座談会で、「日本人の欠点は一つある。自分の飼っているものは非常に可愛がるけれども、その他の動物に対しては積極的に働こうという観念が少ないのです」と言った。そこから話は、人道会が「眠らせる」と表現していた安楽死問題に向かう。外国人の多い人道会は、仔犬を野良犬にして不幸な道を歩ませるぐらいなら、飼い主が責任をもって生命を絶つべきだと主張していた。それを平岩は西洋の流儀だと指摘して、「日本人はたとえ捨てられた子犬が将来どういう運命をたどるかと云うことを想像しても、目前でそれを殺すには忍びないのです。この殺すことが出来ぬという感情は日本的なもののひとつだと私は思うのです」と言った。すると高橋は「日本人は非常に思い切りが悪いのですね」と切り返した。

それに対して平岩は反論する。高橋の言うように思い切りが悪いには違いないが、それがいいところである。平岩は「生きていて不幸な目に会うのなら、かえって殺してしまった方がいいと考えるのは西洋的な思想である。別に殺すのが悪いというのではなく、不幸になることを想像してもなお殺せないという点こそ、日本人の動物に対する素質の現れだ」と主張するのである。ここで人道会代表の渡辺は、「戦場から去る外国人がしばしば犬を殺すという話を持ち出した。西洋人は徹底していて、目の前で殺さなくては安心できないのだ」と渡辺は言った。

しかし、画家の清水は、殺すということが最上の幸福だとは思えないと反論する。これに対して高橋は、「あくまで、不幸な目に遭うことがわかっているのに、そのままにしておくのはかえってかわいそうではないか、野犬狩りにつまるぐらいなら薬殺してやった方がまだましだ」と主張した。議論は平行線をたどった。

◉日本人は優しいのか残酷なのか

ここで清水がまた画家の視点から、動植物の描き方においては日本の方が勝れていることを「日本の絵に

昭和18年（1943年）にはこんな出来事が

イタリア、連合軍に降伏
日本軍、ガダルカナル島から撤退
アッツ島守備隊が玉砕　学徒動員始まる
皮革を統制している商工省、軍需省に改変
東京都長官の判断により上野動物園で殺処分 / 全国の動物園に広がる
会報『日本犬』休刊
大阪で、戦前最後の本部展開催

現れた動植物は精神を込めて描いてあるが、西洋の絵の方には残忍性を帯びたものが少なくなく、例えば狩りのあとの血だらけの兎や鳥が描かれていて、私たちが見ては到底壁に掛けておけないようなものも材料にしています」と述べた。

そして清水は座談会の最後に「日本人は本質的にはすべてのものに深い憐れみを持つ民族なのですから、これに文化的の教養さえ加われば他に比類のないものになりましょう。そして、それを人類全体に伸ばして行きたいと思います」と述べた。清水の意見には示唆が多いが、日本主義の影響も感じられる。日本人は優しいのか残酷なのか、これは今日まで答が出ない難問である。

議論は白熱し、座談会は長時間に及んだ。ようやく育ち始めていた動物愛護運動が、軍馬や軍犬の愛護に吸収されて消えかかっていた頃である。この時期に、こんな冷静で本質的な議論が行なわれていたことは驚きである。しかし少なくとも、知識層はこういうことを考えていたのである。しかし、この問題意識は戦争にかき消された。そして戦後の高度成長期、経済力と動物愛護精神とのズレという形で再び浮上してくる。

◉ビルマからの投稿

『日本犬』一一巻一〇号には、以前「会員の声」に「北支より」という題で投稿した金子明史が、今度は「ビルマにて」という長文を寄せている。ビルマからの他の投稿にも書かれていたが、ビルマ犬は日本犬によく似ていて雑化しておらず、そもそもビルマ人自体が日本人に似ているというのが金子の感想であった。

金子は満洲、蒙古、北支、中支と転戦してビルマに来た。いわく、ここビルマではどの家でも犬を飼育している。ちょうど北海道の平取、近文などのアイヌ部落のような感じで、犬と雑居の生活をしている。ビルマ人は動物をとてもかわいがっており、金子の宿舎前でもクジャク、うぐいす、七面鳥、犬、猫はもちろん、山羊や牛もたくさんいると書かれている。

金子はビルマでも犬を飼い始めた。宿舎の前の家に暮らす男が、ビルマとインドの国境にあるアラカン山脈で暮らす、チン族の犬を連れてきた。その犬が出産したので、そのうち一頭をもらったのである。金子は行く先々で犬の写真を撮っていた。しかし、ずっと背嚢の中に入れて暑い中を歩き回り、水なしで現像したため、残念ながらほとんど駄目になってしまった。かろうじて残ったと思われる写真が、会報に掲載されている。

◉国家総動員体制の中の動物園

玉砕が始まり兵力が足りなくなった日本軍は、文系大学生の徴兵免除を取りやめて戦場に送り始めた。学徒動員である。この頃、上野動物園の動物殺処分が行なわれている。戦局は暗転していたが、国民はそれをまだ知らなかった。しかし、初代東京都長官に就任した大達茂雄はシンガポール市長を経験していて、やがて東京が空襲にさらされることを予期していた。そこで危機感を高める意図をもって、いち早く殺処分を命じた。全国の動物園がこれにならった。

この経緯については『そしてトンキーもしんだ』（たなべまもる作・かじあゆた絵、国土社）という、子どもでも読めるいい本がある。『かわいそうなぞう』（土家由岐雄作、『愛の学校・二年生』に収録、東洋書館）という有名な絵本もあるが、やや史実性に欠けるところがある。なお、動物園の殺処分については大達長官の判断に加えて、「人間が食べるものもないのに、動物に餌などやっていていいのか」という声が出ていたことも、つけ加えておきたい。人々の心はどんどん荒廃していった。

この時に殺処分された動物たちの一部は剥製になっていて、夏に時々公開される。みな痩せ衰えた痛ましい姿である。特にエチオピア皇帝から送られた雄ライオンのアリは、たてがみも消えたぼろぼろの体で、みずからの運命に驚いたという表情で目を見開いたまま剥製になっており、動物たちを襲った悲劇を象徴している。なお大阪経済法科大学の斉藤涼子は、「上野動物園における猛獣処分とその慰霊」「総動員体制の中の上野動物園」（『アジア太平洋研究センター年報』）などの論文で、当時の動物園が国家総動員体制の中で、軍用動物慰霊祭を開くような戦意高揚の場になっていたことを明らかにしている。これらの論文はネットで読む事ができる。

◉帝国軍用犬協会も展覧会中止へ

犬の居場所がなくなっていく状況の中、帝国軍用犬協会は愛犬の日制定を発案するなどして、軍用犬飼料配給停止の撤回を訴えている。何としても登録犬の飼料を確保しようと必死であった。しかしついに、国策団体として優遇されていた帝犬も展覧会中止に追い込まれる。昭和一八年（一九四三年）一一月度の軍犬購買会の案内には、悲壮感が漂っていた。「軍犬購買に応ぜよ」と大きな字で見出しがついた呼びかけである。

その呼びかけは「今や一頭の死蔵犬がある事も許されない」という、切羽詰まった言葉で始まっている。それは「今にして購買に応ぜずんば、吾等は何のために軍用犬を訓練し、飼育して来たと言い得ようか。一頭でも多く、続々と購買に応ぜられる事を願って已まない。それこそ、現下における軍用犬を飼育せる皇国民の責務である」というものであった。つまり、この時点でもまだ犬を軍の購買会に出さない飼い主がいたということである。

畜犬業界はほぼ壊滅状態になり、唯一総合誌として奮闘してきた『犬の研究』も、飼育環境悪化と紙の不足で休刊になった。キスカ島守備隊撤退に際して軍犬は放棄され、甲子園球場の大鉄傘も供出で外されている。鍋も釜も供出、もはや全て供出で、国民の財産は次々に取り上げられた。そしていよいよ犬の供出が始まる。

◉このままでは一巻の終わり

日本犬保存会の会員たちもこの状況を嘆き、怒っていた。しかし、その立場は様々であった。『日本犬』一二巻三号（昭和一八年六月）には、二頭の秋田犬を軍用犬として訓練しているという芹沢常男が、「随筆日本犬の愚痴」を寄稿している。犬に語らせるという形で、「シェパードにあらざれば軍犬にあらず」「それ以外の犬は撲殺さるべし」という風潮に抗議するものであった。シェパードは軍犬として持ち上げられている。とはいっても、「然しS犬の大部分が野犬同様首輪もされずにゴロゴロしている。そして鼻高々とこれでも軍犬だと云わぬばかりに噛み付いたり通行の邪魔をしている」と怒っている。

ここまでではなかったであろうが、確かに少なからぬシェパードが軍用犬として購買されず、地域によっては飼料面で多少の優遇を受けていた。芹沢は最後、「訓練せずして駄目だとは何事ぞ！　見ん事武士道精神の入った軍犬として活躍出来得る日を、太い頸を長くして待ちあぐんで居るのである。日本犬愛好者よ、奮起せよ！　起って呉れ！　そして吾々をして晴れて国粋軍用犬○○号として一時も早く第線に征かしてくれ」と激烈な言葉で訴えている。芹沢は軍用日本犬論者であった。

一方、『日本犬』の一一巻五号（同年八月）には「会員諸兄に愬う《うった》」という題名で、ペンネーム待乳山荘主人が「日本犬保存会はこれでいいのか」と問いかける、苛烈な一文を寄せている。会員は会誌の現状をどう思っているのか。これでは間もなく一巻の終わりになってしまう。そしてここでも、批判の矛先はシェパードに向かう。ある県では、○犬以外はみんな撲殺せよという指示が出たらしい。しかし実際、「国内に有る○犬の幾％が軍犬として使用し得る完全な訓練が出来ているのかと、問い返したくなる」と疑問を呈している。仮にも日本犬は天然記念物の指定を受けて、その保存に国家が関わっているはずである。それなのに一部の人間が、勝手に撲殺の指示をするようなことが許されるのか。待乳山荘主人の怒りは収まらない。軍用犬であるシェパードをあからさまに批判するのは難しいので、○犬と表記したのであろう。二人の怒りの内容は異なるが、どちらもシェパードの優遇に腹を立てていることがわかる。

◉なし崩し的に始まった犬の供出

この二人の投稿からはまた、犬の供出や撲殺をめぐる混乱した様子もうかがえる。ここでもう一度確認しておきたいのは、犬の供出が確たる法的根拠もないまま、なし崩し的に始まっていたということだ。ポツダム宣言受諾直前に国の指示で公文書を焼却したこともあり、今となっては最初の供出がいつ、どこで始まったのかよくわからない。当時の人々にとっても、気づいたらいつの間にかそういう流れになっていたという感覚であったのであろう。誤解されがちであるが、犬の供出には軍は関わっていなかった。軍が関わったのは軍犬のみである。

明治以来の施策である駄犬撲滅という土台の上に、節米運動と皮革不足が加わり、帝国議会で犬猫不要論が登場したことによって、供出に正当性が与えられた形になった。それに呼応して供出を主張する人間が各所に出現し、時流に乗ったその大きな声に周囲が逆らえず、その流れがどんどん加速していったと思われる。国家総動員体制が構築されていたことが、北議員の極論を実現化する力となった。そこに、窮乏生活を強いられる中で生まれた「犬など飼っているのは許せない」「兵隊が戦場で苦労しているのに、犬と遊んでいるなんて許せない」といった負の感情が、同化圧力となって後押しした。

犬の供出は自治体単位で行なわれ、飼い主は犬を各警察署に連れていった。だから供出を呼びかける回覧板の内容も、地域によって様々であった。狂犬病撲滅を掲げた地域もあれば、なぜか人道のためと謳った地域もある。現存する希少な八王子の回覧板は、「犬の特攻隊をつくってお国のために立派に死なせてあげましょう」と訴える一方で、「犬は重要な軍需品」「狂犬病の予防にもなる」と記している。犬の供出は複雑な構造を持ち、各地域の多様な事情を反映しつつ広がっていった。当然、国もこういう状況を知っていたが放置していた。国家総動員体制に資することなら、敢えて止める必要もなかったと思われる。

◉北海道の事例

国家総動員体制によって犬の供出が現実のものとなっていく過程を、北海道を例に見てみよう。参考にしたのは、札幌市の文化資料室で市史の編纂をしていた地域史研究家、西田秀子による調査研究「アジア太平洋戦争下　犬、猫の毛皮供出献納運動の経緯と実態—史実と科学鑑定」（札幌市公文書館事業年報第三号別冊『研究論考編』論考三）である。

今まで体験が断片的に語られるだけで、ほとんど解明されてこなかった供出までの過程を、できる限りの資料を集めて丹念に追った労作である。先に紹介した『犬たちも戦場にいった　戦時下大阪の軍用犬』と同様、地域史研究の持つ大きな可能性を感じさせる。

それによると、北海道では昭和一八年（一九四三年）から犬毛皮の供出が始まり、翌年にはそれに猫が加わっている。供出運動と実施の主体は北海道庁と札幌市、及び大政翼賛会北海道支部と札幌支部で、実際の業務は国策会社の北海道興農公社が行なった。まさに官民一体となった運動であった。

西田は、「背景には国民を戦争協力体制へと導く教化運動があり、日中戦争（一九三七年）を契機に開始した国民精神総動員運動が翌一九三八年の国家総動員運動へ、さらに一九四〇年の国民統合組織の大政翼賛会運動へ発展・継続した。物資不足の代替に供出対象が飼い犬飼い猫という身近な愛玩動物へエスカレートした。社会全体を上意下達の全体主義が覆い、行政の末端の町内会までに草の根の軍国主義が及んだ一つの現象であった」ことを明らかにした。

◉公報で国民精神総動員を訴える

昭和一二年（一九三七年）七月七日、盧溝橋事件によって日中全面戦争が始まると、北海道では二七日に初の臨時召集を行なった。そして四五の部隊を編制し、中国北部を中心に派遣したのである。その大部分は、徴兵期間を終えて一般市民に戻っていた在郷の予備役・後備役で、八〇〇〇人から一万人規模であった。翌昭和一三年には第七師団に動員命令が下り、満洲派遣のための部隊が結成される。招集された兵士たちは二月から三月にかけて室蘭港から出発した。

一方で北海道庁は昭和一二年（一九三七年）一〇月から、公報の表紙に標語を掲げて国民精神総動員運動を推進した。最初の標語は「挙国一致　尽忠報国　堅忍持久」である。以後、道民から標語やイラストを募集しながら総動員運動を続けた。この「道民から募集する」というのが、総動員運動の一つの特徴である。これは国レベルでも行なわれた。そうすることによって参加意識が生まれ、下から盛り上がる運動になっていくのである。

しかし札幌市には、国策を浸透させ実施する地域組織がなかった。そこで三沢寛一札幌市長は、市内四万二〇〇〇戸を一九九六班に分け、それを三一一の公区にまとめ、さらに一六の連合公区に組織して全体を掌握した。そして昭和一五年（一九四〇年）に大政翼賛会が発足すると、さらにこれを徹底して、国策が隅々にまで行き渡る隣組組織として整備したのである。

◉「野畜犬　進んで奉公　さあ！　今だ！」

ところで日中全面戦争の開始は、酪農が盛んな北海道に大きな変化をもたらした。大正一五年に「酪農民のことは酪農民の手で」を合い言葉に設立された北海道製酪販売連合会（酪連）が、屠殺処理した皮の有効利用である皮革事業に進出したのである。

略連は一般業者の反発を乗り越えて全道の牛原皮を一手に引き受けた。さらに昭和一六年(一九四一年)には、略連を中核にして国策会社の北海道興農公社(興農)が誕生し、皮革と毛皮を取り扱うことになった。この興農が後の雪印乳業、現在の雪印メグミルクである。しかし間もなく牛原皮が不足し、兎や羊の飼過程育が奨励される。

やがて戦局は悪化、昭和一八年(一九四三年)五月にはアリューシャン列島の守備に当たっていた北海支隊が全滅した。そんな中であらゆる皮革が底を突き、ついに野良犬の毛皮に注目が集まる。そして昭和一八年(一九四三年)四月、大政翼賛会札幌支部の発案で犬猫献納運動が行なわれることになった。四月二日の『北海道新聞』は、「毛皮報国　ワン公も滅私奉公」という記事を掲載した。

そこでは、「野犬は狂犬病の恐れがあるので警察署と打ち合わせること、畜犬(飼い犬)は連合公区長や公区長が飼い主から献納申込書を受け取り、四月六日までに札幌市の公区係の職員まで提出する。犬が一〇未満のときは直接豊平毛皮工場へ連れて行くこと。興農公社の買い取り料金は大政翼賛会から国防献金にまわすことが実施要項となっている」ことが伝えられている。北海道庁は『北海道庁公報』第三三〇六号の表紙に「野畜犬　進んで奉公　さあ!　今だ!」という標語をイラストに掲げ、運動期間は二月二日から一五日までであると周知した。

◉北海道における供出の特徴―猫も供出、輓曳犬《ばんえい》は除く

昭和一九年(一九四四年)の五月には在室蘭海軍主席監督官の指示により、犬の毛と共に猫の毛も防寒服に使うことが決まる。猫の供出が犬を上回ったのが北海道の特徴である。買い上げ公定価格は、供出意欲を

高めるために犬は一〇円、猫は五円に設定された。しかし、翌年には犬が三円、小型犬が一円に値下げされている。

マスコミも献納運動を後押しした。新聞は犬が羊や鶏、兎などに与える被害が多大であることを強調し、駆除すべき対象であると訴えている。例えば、『北海道新聞』は「道庁北方農業課の皮算用では、道内の野畜犬は一五万頭、そのうち二割が軍用犬、番犬、運搬犬で、他は全て主なき野良犬または飼い主は居ても食事を与えられぬ野良犬同様のものばかりという」(『北海道新聞』昭和一九年一一月一〇日付)と具体的に伝えている。野犬のみならず、放し飼いが多くて家畜に被害を与えている飼い犬も全廃すべきだ、犬はみんな駆逐してしまおうということである。

かくして隣組組織を通じた供出は目標が設定され、狙い通りの「運動」となって広まった。それを飼い主側から見た光景が、冒頭で紹介した加藤少年の体験なのである。撲殺は犬より猫の方が難しかったという。なお一二月に軍需省から正式な通達が出された時、北海道では冬期の犬ぞりで荷物運搬を行なう輓曳犬は除くとされた。自治体の裁量が大きかったことがわかる。

◉読み終わるのに三〇分とかからなくなった会報『日本犬』

話を『日本犬』の会報に戻す。「会員諸兄に愬う」と題した危機感あふれる投稿で待乳山荘主人は、このような事態に陥っているのは全会員の責任だと叫んでいる。このままでは日本犬がかわいそうである。全会員が畜犬報国の意気で立ち上がろう。帝国軍用犬協会が掲げていた「軍犬報国」に対して、「畜犬報国」という言葉を対峙させている。しかし、もはや軍犬報国すら消滅していた。

待乳山荘主人は訴える。日本犬を守るためには、まず唯一の指針である会報を充実させ、東京で年に一回は本部展を開催し、会の運営をもう少し迅速に進めなければならない。しかし、これらの実施はいずれも困難であった。会報に投稿するような余裕のある会員はほとんどいなくなり、出征や疎開、印刷所の人手不足で会誌の発行も難しくなり、鉄道は軍事優先で犬を連れた移動は不可能になっていた。

犬たちの現状を象徴するような、悲しく寂しい記事もある。『日本犬』一二巻二号（昭和一八年五月）に掲載されている、高橋光雄の「満洲便り」である。高橋は万里号という名の秋田犬を飼っていた。万里の長城から取った名前である。その万里号を失ったという悲しい知らせである。万里号は極寒の一月に体調を崩して痩せ始め、玄関をうろうろするので戸を開けてやったら戸外に出た。そして振り返り振り返り、明らかに家から離れていく。

高橋は「日本犬は主人の前に屍をさらさない」という話を思い出し、犬の気持ちを尊重して敢えて追わなかった。その後せめて骨を拾ってやろうと探したが、遂に万里号は見つからなかった。高橋はこの一文を、「枯れ木も山の何とやら」という気持ちで書いたという。「満洲で日本犬を飼育する同士（ママ）は暁の星の数より少ない。或は私の認識の不足かもしれないが、会誌の上で奉天、錦県、本渓湖、東京城等に一人ずつを発見したに過ぎない」と寂しげである。高橋は送られてくる会誌を毎回、貪るように読んできた。しかし「今や、読み終わるのに三〇分とかからなくなった」と嘆いている。

◉窃盗で大切な犬を失う

また、『日本犬』一二巻五号（一八年八月）には、窃盗で飼い犬を失った体験が掲載された。「名犬マキ号の死を悼む」という記事で、筆者は犬舎名大東亜荘の吉村準朔である。吉村の友人である津森の飼い犬マキ号は妊娠四五日目で、来訪者が戸を開けた時に外に出て、家の前で寝込んでいた。その時、男に盗まれてしまったのである。マキ号は猛然と抵抗したが、屈強な男に暴行されて連れ去られた。それを父親から知らされた津森はすぐに警察に駆け込んだ。市内で捕獲された犬は必ず一度、警察に報告することになっていたからである。しかし男が一向に姿を見せないので自宅を突き止めると、案の定マキ号がいた。そこで取り返したものの、すでに危篤状態であった。

津森は獣医を呼んで手当てしたが、その甲斐なく息を引き取ってしまった。マキ号は第一〇回日本犬保存会本部展の成犬雌部入賞犬で、筆者吉村の九州光号と交配して出産を待っていたところであった。「嗚呼九州の名犬マキ号遂に還らず（中略）世の多くの愛犬家よ、心して愛犬の管理に当たられ、かくの如き恐るべき魔手に大切な愛犬を奪われざる様御留意あらんことを切望する」と、吉村は痛切に訴えている。

津森はこの捕獲人にどういう抗議をしたのであろう。その点については書かれていないのでわからない。この状況で筋を通した抗議をしたとして、果たして受け入れられたかどうか。しかし津森に油断があったとはいえ、マキ号は自宅前で居眠りをしていたのである。野犬でないことはプロが見れば一目瞭然であったはずである。吉村は「以前から狙っていたらしい」と推測している。

◉犬の撲殺に対する石川忠義理事の鋭い批判

マキ号は本部展で入賞するぐらいのいい犬であったから、目をつける人間がいても不思議ではない。しかし犬が飼いにくい時代に、この捕獲人はマキ号をどうするつもりであったのか。まだ犬の毛皮供出の公式な通牒は出ていなかったから、毛皮を売るつもりであったのかもしれない。いずれにせよ犬の供出や撲殺が、混乱状態の中で行なわれていたことがうかがえる。もはや理性も正論も通用しない状況になっていた。

こういう、犬の供出や撲殺をめぐる事態を理路整然と批判した記事が、『日本犬』一二巻六号（昭和一八年九月）に掲載された石川忠義理事の「畜犬撲殺」である。石川はまず「人間さえ食べるものがないのに、犬などに食糧を与えているなんてけしからん」という理屈は成り立たないと述べる。なぜなら飼い主は、犬のために特別な配給を受けているわけではないからである。飼い主は自分たちの食糧を分け与えているに過ぎない。また「誰もがそれぞれの持ち場で必死に御奉公している時に、犬など飼ってこれとたわむれ、あるいは散歩するような生活態度はけしからん」という道理も成り立たない。犬を飼う気持ちと憂国精神とは別に矛盾しないからである。

石川に言わせれば「かかる世間一部の批難は、戦時下に緊迫し来たる生活に、神経質となり他人の生活を、自己の生活感情と同一にもとに律しようとする我が儘と、ゆとりあるこころのひろさを失った人々の、おせっかいから出るものだろう」と述べている。つまり、犬を飼う人への批難は「わがままとおせっかい」であると看破しているのである。明快な分析である。他人が自分と同じ苦労をしないのが気に入らない、許せないなどというのは全くの感情論である。

◉犬の撲殺は所有権の侵害

犬の撲殺についても石川の見解は明瞭である。石川は、そもそも「畜犬は飼い主の所有物である。法律的には動産の一部と見られ、所有権の目的となるものである。従って、之を他人が殺せば民事上では所有権の侵害となり、刑事上では動物傷害の罪に問われるのである」（同誌）と論じ、この視点から動物撲殺が非合法であることを次々に説いていく。民事刑事双方における保護は法律によって定められたもので、いずれも憲法によって保障されている。勅令や省令にもとづく保護ではない。憲法によって定められた私有財産保護は極めて強大であり、みだりに制限することは許されない。それなのに、地域によっては畜犬撲殺を強制し、私有財産を保護しなければならない警察がこれを黙認、あるいは協力さえしている。

全く驚きであって「これは一体、いかなる理由――法律上の根拠に基づくものであるか。有史以来最大の戦争を戦うわれらではあるが、われわれの行為を律するものは、この戦時下にあっても、やはり厳たる法治国家日本の法律でなければならないのである」と主張する。石川は、野犬狩りを行なう際に出される「繋留していない畜犬は無主の犬とみなす。捕獲されてもやむをえない」という警察の告示も批判している。これは、飼い主の畜犬に対する所有権を制限するものと見なされているが、そもそも告示にそのような効力はない。単に注意を喚起したものである。したがって万が一そのような事態になった場合、飼い主は野犬狩りを施行した警察署に対して、不注意の責任を問うことができる。

◉戦前日本犬保存会の高い知的水準を示す

畜犬が野犬と同一に扱われるためには、単に繋留していなかったというだけでは足りず、常識的に見て野犬と同様な状況にあったことが必要である。また野犬狩りを実行する捕獲人は、野犬撲殺の経験者なのだから、一見して畜犬か野犬か判断できるはずである。津森のマキ号を連れ去った捕獲人も、警察には行かずに自宅に連れ帰っていた。野犬ではないことを知っていたからであろう。

もし、繋留されていないことだけを理由として、畜犬を野犬と間違えて捕獲するようなことがあったとするなら、それ自体が当局の重大な過失と言わねばならない。そして最後、「かくして所有権が故なく侵害せらるる事実が存すれば、これは戦時社会の安寧をみだすものとして、本会の如きは会員を代表して断固として当局の注意を喚起せねばならない」という言葉で締めくくっている。法治意識に基づいた立派な反論である。この時代に、こんな冷静な意見があったのかと驚く。戦前日本犬保存会を支えた人たちの、高い知的水準を示すものである。この時期でも、こういう正論を述べることはできた。もしかしたら軍や警察にも、こういう考えの人間はいたかもしれない。

ただ熱風のように吹き荒れる犬猫献納運動や撲殺論は、生活に近いところで渦巻いていただけに勢いがあり、もはや理屈を超えた次元に移行していた。それは地域レベルで隣組に支えられ、「よそがやっているのだから、うちもやろう」という具合に、燎原の火のように広がっていった。そこに一人や二人、冷静な人間がいても勢いは止められない。「日本犬は天然記念物だから保護されるべき」などという正論はとっくに吹き飛び、もはや誰も聞く耳を持たなかった。

◉戦前最後の会報で渾身の訴え

石川の理路整然たる主張に、『日本犬』の編集後記も久々に興奮を隠せない。弾むような言葉で、「石川理事の時宜を得た御寄稿は問題の核心を突いて余す處なく喝破され、その論旨の鋭さと相俟って之亦快偏と言ふべく（以下略）」と記している。しかし、こういう冷静な声は社会を覆う異様な空気に阻まれて、線香花火のように一瞬輝いただけでかき消された。石川の主張が掲載された同誌の一二巻六号（昭和一八年九月発行）が、戦前に発行された最後の会報となった。会員通信には三通の便りが寄せられている。一つは神奈川在住の間島謙一によるもので、今こそ日本犬の素晴らしさと性能を世に知らしめようという渾身の訴えである。「座して淘汰を待つがごとき消極的な態度は避けねばならぬと信ずる。日本犬の良を示せ！　日本犬を保存せよ！」と。

もう一通は、東京都豊島区在住の友田佐一郎からのもので、会の財政基盤を支える会費や登録料、血統書発行料などの増額を求める内容である。そして組織を強化し、支部展を定期的に開催して活動を活性化させようと呼びかけている。この段階でも、そう前向きに考えている会員がいたということである。そしてもう一通は、出征してビルマにいる金子明史からの三通目の投稿であった。兵舎の近くの家に、人懐っこいビルマ犬が来て仔犬を五頭生んだという報告である。かわいいが蚤が多くて閉口している。この犬は兵舎に来ては甘える。金子が以前飼っていた犬によく似ているとのことで、おそらく懐かしさにペンを取ったのではなかろうか。

裏庭にも飼い主がいないらしいビルマ犬が、夕方になると一〇頭ぐらい集まってくる。カメラを向けると逃げてしまうが、そのうち撮影できたら送ると書かれている。戦場にいる金子の投稿だけが和やかな内容で、異彩を放っている。しかしその後、ビルマ犬の写真が掲載されることはなかった。果たして金子は生きて日本に帰れたのであろうか。

◉紀州犬界、県に指定犬の保護を嘆願

紀州犬界は昭和一八年（一九四三年）一〇月、県に天然記念物指定を陳情した。飼料の配給は自治体の裁

第６回関西展の様子
出所：『日本犬』９巻６号（昭和15年６月）

量であったし、供出も自治体ごとに行なわれていたので、県の理解を得ることが必須であった。そこで県の天然記念物に指定してもらい、指定犬と猟犬を保護してもらおうとしたのである。

その結果、指定犬にはとりあえず主食二合の配給を認めてもらうことに成功した。しかし、その保護策は次第に骨抜きになっていった。結局、配給は、「その後二合が一合となり、戦争末期は食糧難の犠牲になって供出を余儀なくされたが、供出を逃れたのは山間部で実猟に使われている犬のみ」（河田光夫「昭和初期の三重の紀州犬」『愛犬の友』昭和四二年六月、『臨時増刊日本犬ガイドブック』）であった。

この昭和一八年、甲府の坂口仁宅で小型の仔犬がひっそりと生まれていた。紅子号である。父犬はアカ号、母犬は山陰から移入したハナ号であった。もはや犬を飼うこと自体がほぼ不可能になっていた頃である。坂口は足が悪かった。それだけでも肩身の狭い時代であったため、さらに犬まで飼うことは大変であったであろう。このアカ号‐紅子号の血が戦後、柴犬の復活を担うことになる。

そして一一月五日、戦前最後の本部展が大阪の千里山遊園地で開かれた。後に大阪万博が開かれる場所である。しかし、文部大臣賞を得た速風号の写真以外、資料は何も残っていない。ただし四国支部はこの逆風の中で、翌年春まで支部展を開いた。

◉日本主義に基づく平岩米吉の家庭犬擁護論

平岩米吉が主宰する『動物文学』は、数ヶ月に一度ではあるがかろうじて発行を続けていた。内容はだんだん寂しくなっていったが、昭和一八年（一九四三年）一二月には「戦時と動物」という特集を組んだ。「前線と動物」「世界戦争と毛皮」「戦時動物園の飼料」といった緊迫した内容の記事が並んでいる。しかし、何といっても光っているのは、平岩自身が書いた「戦時と家庭犬」である。

平岩は最初に「時局柄、軍用適種以外の一般家庭犬が議題に上るのは当然」と述べた上で、家庭犬無用論に疑問を呈する。その主張の柱は「住居を守り、主人に仕え、子女の友となっている家庭犬を単に食糧消費の物品としてのみ見てよいかどうかという点」にあった。言うまでもなく人間生活には物品両面がある。もちろんどちらも必要だが、東洋は心の方を重視するはずではないか。

平岩の主張はここから、日本が太平洋戦争の思想的目標として掲げた「東亜の理想」が抱える矛盾へと斬り込んでいく。明治以降、我が国は物質偏重の西洋文化に染まって、本来の面目を失おうとしていた。それを「今、その桎梏を断って、大東亜に精神的光輝を顕彰しようという時、何を好んで再び唯物の妄想の中に迷い入る必要があろうか」という平岩の批判は鋭い。それでは、みずから進んで敵方の思想的過ちに組みすることになる。そもそも前線では犬と兵隊が麗しい情愛を築いているのに、銃後ではこれが批判されるのはどうしたことか。

さらに、食糧問題の上から家庭犬を有害な娯楽と見るのもおかしい。有害というなら酒や煙草はどうなのか。特に煙草は古来、日本人の生活習慣にはなかったもので、西洋人がもたらしたものである。我々に必要なのは肉体的快楽より精神的慰安である。「一家揃って一頭の犬より受ける清浄にして明朗なる慰安」は、煙草などによって得られる快楽とは比較にならない。

◉『動物文学』も休刊

昭和一七年（一九四二年）に行なわれた動物愛護に関する座談会で、日本文化を背景に西洋式愛護論に異を唱えた平岩は、ここでも日本主義を土台にした家庭犬擁護論を展開している。以前、平島藤寿も会報『日本犬』九巻四号（昭和一五年四月）に掲載された「犬猫撲殺論に就いて」で、「犬猫無用論は極端な唯物的政策だ」と批判した。

平岩の主張はその思想的根拠をさらに明確にし、西洋近代の克服という太平洋戦争のイデオロギーそのものをもって、犬猫無用論の矛盾を突いたものである。平岩にそういう意図があったかどうかはわからないが、日本主義と軍国主義とのずれを突いた秀逸な論考である。しかしもはや、こういう声は届かない情勢になっていた。最後まで粘った『動物文学』も休刊になる。

平岩は終生、日本ならではの動物文学を追求し続けた。『動物文学』は創刊翌年の昭和一〇年（一九三五年）から、「狼王ロボ」などのシートンの作品を翻訳して掲載し、話題を呼んでいた。ザルテンの『子鹿物語』

も評判が良かった。しかし平岩は、人間の目線が上にある外国の動物文学に違和感があった。日本には日本の動物文学が必要である。平岩はそう思って、戦争中の大変な時期も『動物文学』を主宰し続けたのである。

『動物文学』への寄稿者の中には、後に「ぞうさん」や「一年生になったら」などの童謡を生み出した、まどみちおがいた。まどみちおは当時、台湾総督府に勤めながら雑誌に詩や随筆を発表していた。『動物文学』第一九号（昭和一一年七月）にも「魚を食べる」という次のような随筆を寄稿している。

「私は独り者のせいであるか、一日中で、魚を食べる時が一番もの淋しい（中略）ただじんわりと口を動かしている事は、食べているというよりも、むしろ大きい自然と共に、見えない真理と共に、呼吸しているような気さえして、不知不識に深い思索の旅へ出たりする事もある」

平岩の評伝『愛犬王　平岩米吉伝』によると、平岩はこれを、「動物文学の一分野に新しい手法を提示させるもの」として高く評価した。

そして戦後、椋鳩十が昭和二七年（一九五二年）に『片耳の大シカ』（ポプラ社）を書き、戸川幸夫が翌年『高安犬物語』（新潮社）で直木賞を取り、昭和三一年（一九五六年）に新美南吉の『ごんぎつね』（『花のき村と盗人たち』（帝国教育会出版部に収録）が教科書に採用された。平岩が夢見た「動物への愛と理解に基づく、どこか哀愁を帯びた日本の動物文学」が社会に認知されたのである。そして、まどみちおは一九九四年、日本人として初めて、児童文学のノーベル賞と言われる国際アンデルセン賞を受賞した。しかし、その後も日本は独自の犬文化を生み出すことはできず、この難題は今日に持ち越されている。

第七章　追いつめられる犬たち　守ろうとする人々

◉ハチ公像に白襷《しろだすき》がかけられる

レイテ沖海戦で決定的な打撃を受けた日本に、本土空襲が始まる。特攻隊も出撃し、「一億総特攻」「本土決戦」が叫ばれるようになった。その波は渋谷のハチ公像にまで及んできた。斎藤弘吉の著書である「忠犬ハチ公」『日本の犬と狼』（雪華社）によると「昭和十九年になり戦争が苦しくなってくると、民間の金属回収運動が始まった。ハチの銅像も論議の目標となり、中には応召と書いた白襷《しろだすき》をかけていやがらせをする者も出た。その年の暮れに突然東京鉄道局長の名義で『ハチ公像を溶解することに決まったから諒解してほしい』という通知が来た」というのである。ハチ公像に嫌がらせとは、人心の荒廃ぶりがうかがえる。以下に同書から当時の情況を再現する。

斎藤は憤懣やるかたない思いで、交通公社に新井理事長を尋ね、

「あなたが局長の時に寄贈したのだから何とかならないか」

と相談した。

すると、

「斎藤君は長崎次官と親しいのだから相談してみたらどうか」

ということであった。

そこで長崎次官のところへ行って話すと、

「あの像は芸術的に優れたものか」

と聞いてきた。

斎藤は、

昭和19年（1944年）にはこんな出来事が
レイテ沖海戦で戦艦武蔵が沈み、連合艦隊壊滅
神風特攻隊、初の出撃
日本軍、玉砕を繰り返しながら撤退を続ける
アメリカ軍による本土空襲が始まる
渋谷のハチ公像、金属供出により撤去
軍需省と厚生省、畜犬毛皮供出を求める通牒を出す

「安藤君は、一生の作品中一時期を画する自信作だと言っているから、何とか助けたい。もし銅塊が必要なら、自分が同じ分量の銅を集めてくるから」

と答えた。

すると長崎次官は、

「芸術的に優れたものなら、見る目のない役人が勝手に溶解して銅塊にすることは、文化の観点から好ましくない。ただそれにしても、あの人目につきやすい渋谷駅前に置くわけにはいかないだろう」

と言う。

そこで斎藤が、

「一応取り外して適当なところにしまっておき、終戦後に再び駅前に据えてほしい」

と頼んだところ、次官はそれを快諾した、という。

それで斎藤も安藤もまず安心と引き返したのである。しかし、ハチ公像はその後、溶解されてしまったのである。

◉浜松の工場で敗戦直前に溶解

斎藤弘吉は溶解されたことを知らなかったと述べている。昭和二二年（一九四七年）の暮れ、京都に疎開していた斎藤のもとに国際観光公社の荒川昌二社長から、外国人観光客からハチ公像はどうなったか聞かれるので、再建したいという連絡があった。また、ハチ公像を建てた安藤照の長男である士《たけし》からも、ハチ公像再建のため、原型をつくりたいから指導してほしいという依頼が来た。

そこで斎藤は、

「新しく作る必要はない。長崎次官を訪ねて聞けば、銅像を保管してある場所はわかる」と答えた。

しかししばらくして、安藤士から詳細な報告が来た。

それによると方々を調査した結果、銅像は敗戦直前に浜松の工場で溶解されてしまったこと、渋谷駅に銅像が建ったのとほとんど同じ頃に、実業家の木村泰治が発起人となって大館駅前に建てた同じ型の銅像も、供出されて溶解されたとのことであった。また、文展に出品された原型の石膏像は、安藤照が故郷の鹿児島に疎開するため東京駅まで運んでいたが、昭和二〇年（一九四五年）五月二五日の二度目の東京大空襲で消失していた。そして安藤照自身も同日、自宅の防空壕で末娘と共に死亡した。長男の士は出征中であった。

◉ハチ公は軍国主義の象徴か

しかし、『東大ハチ公物語』（東京大学出版会）の中で、東大研究総合博物館の遠藤秀紀は「日本精神と日本犬はかれにとって大事であるが、一貫して皇国軍国とイヌを強引に近づけたつもりはないというのが、言葉の内外に彼が示唆する主張である（中略）いずれにせよ大戦とハチは別物というのが彼なりの一種の弁解であろう」（「学を喰うイヌ」）と指摘している。

遠藤は斎藤の言動に対して一貫して厳しい目を向けている。剥製が、生前より見栄えがいい姿になっていると言われることについても、斎藤の美学がそうさせたという見解である。剥製は作り手の表現である。日本犬はかくあるべきという斎藤の世界観が、死後のハチを生前より素晴らしいものとして残す結果になったという解釈である。斎藤がハチ公像に日本犬の理想を託したというのは、その通りであろう。

ただ斎藤は、ほとんど誰も見たことのない全盛期のハチを見ている。また遠藤は「初代銅像は消滅まで身をもってして、軍国日本の精神世界の物象であり続けたのである」と言うが、果たしてそうであろうか。ハチ公像建設のためには、多くの少年少女がお小遣いを寄付した。またアメリカからも寄付金が寄せられている。確かに「ポピュリズムの一端を担う最適の条件を、この動物は揃えている」としてもである。

◉ハチ公の物語がもたらす豊かさ

ハチは修身の教科書にも取り上げられて、軍国主義教育にも利用された。しかし前述のように、商業利用もそれに負けないぐらい猛烈であった。渋谷の駅長もハチ公を最大限に利用したし、日本犬保存会も宣伝に利用した面がある。しかし、犬と人間の絆に感銘を受けた人もたくさんいたであろう。

「人間は意味を食って生きている動物」だから、そこには仮託や擬人化も入り込む。それら全てを包摂して成立したのがハチ公の物語である。銅像より二周りぐらい大きく、ゆったりした雄大な犬であったという実際の姿そのままに、ハチ公の物語は様々な人間の思いを全て受け容れてでき上がった。国がハチ公を利用し、人々がそれに洗脳されて踊ったというような、単純なものではなかったと私は考えている。

猛々しくなっていく時代の中で、人と犬とのつながりに温もりや和みを感じた人も少なくなかったのではないか。戦前の日本は、今の私たちが考えるより多様な社会であった。ハチ公をめぐる物語には、簡単にポピュリズムとして斬り捨てられない諸要素が含まれている。それら無数の小さな物語に耳を傾けなければ、ハチ公の物語形成に関わった人々の多様な生を見落としてしまう。戦後のハチ公批判は単純化の典型的な例で、軍国主義批判にハチ公を利用したものでもある。

忠犬説を全否定しようとすると、今度はそれを反転させた別の物語を創り出すことになる。両者は単純化の罠にはまっているという点で瓜二つである。定型化の対極には定型化しかない。通説を壊すのは痛快だが、また別の落とし穴にはまってしまう。さらに言えば、現実から物語を完全に削ぎ落とし、両者を厳密に切り離すことは難しい。なぜなら両者の境界は曖昧で、人間はそういう微妙な領域で生きているからである。

我々人間が現実だと思っているものの構造は複雑である。人間が現実を見る時、そこにはすでに記憶、願望、思い出といった様々な心の動きが投影されている。目に見える現実だけが真実だとは、必ずしも言いきれない。そこに「美しい誤解」が含まれていたとしても、ハチ公の物語が人間生活にもたらす豊かさを全否定できるであろうか。それでは、この物語が世界に広まっている理由を説明できない。考えれば考えるほど、ハチ公の物語は人間の複雑さや脆さと深く結びついている。日本語についての著作が多い石川九楊は『日本語とはどういう言語か』（講談社学術文庫）の中で、興味深いことを書いている。それは「人間は『言語する存在』だとすれば、人間自体が迷妄でありフィクションであるというところまで行けるのではないか」という仮説つつ、時代を超えて語り継がれてきた。これからもそうであり続けるであろう。である。この視点は示唆に富んでいる。ハチ公の物語は、限りある人生に彩りを求める人々の心をうるおし

◉最後のところで軍国主義と相容れなかった日本主義

一方で日本犬保存会は結局、熱心な推進論があったにもかかわらず、最後まで本格的な軍用犬育成に踏み出せなかった。最大の理由は訓練がうまくいかず、実際に軍用犬としては使えないという現実に阻まれたからである。そもそも軍用日本犬論の少なからぬ部分は、使役犬の頂点に位置していたシェパードに負けたくないという、対抗意識から来ていた。

しかし何よりも、日本主義は最後のところで軍国主義と相容れなかった。日本主義は、明治以来の西洋至上主義に対する反動として出てきた日本文化の見直し論であり、社会全体を覆った時代思潮である。それは日本犬保存運動の後ろ盾となり、軍国主義の一端をも担っていた。にもかかわらず両者は微妙にずれていた。

結局のところ、軍用犬にしようと思えばどこかで日本犬の特性を否定しなければならない。おそらく会員の大勢は「日本犬の良さを堅持しつつ、一部を改良して軍用犬に」と考えていたのであろうが、それが最も難しかった。日本犬の良さは、洋犬と同じ土俵に立って競争すると失われそうな性質のものであった。実際、軍国主義は日本を最大限に持ち上げながら、現実には日本の美風を次々に破壊していった。

そもそも「世界に冠たる」という発想は、江戸時代までの日本にはないものであった。清朝を屈服させて押し寄せてくる西洋近代に呑み込まれないよう、自衛策として出てきたミニ中華思想である。幕末に日本を訪れた西洋人が口を揃えて賞賛したのは、慎ましく楽しげに暮らす日本人の姿であった。しかし、彼らは同

時に、それが西洋文明との出会いによって失われるであろうという予感を抱いていた。渡辺京二は著書の『逝きし世の面影』（平凡社ライブラリー）を、日本近代の物語は「ひとつの文明の滅亡から始まる」という言葉から書き起こしている。そして幕末から明治初頭にかけて、日本を訪れた西洋人の言葉を紹介している。

◉犬版大東亜共栄圏構想

その一人がアメリカの初代公使ハリスの通訳で、下田の街を歩き回って日本の犬にさんざん吠えられ、攘夷派の武士に斬り殺されたヒュースケンである。

ヒュースケンは、著書で、「いまや私がいとしさを覚えはじめている国よ。この進歩はほんとうにお前のための文明なのか（中略）おお、神よ、この幸福な情景がいまや終わりを迎えようとしており、西洋の人々が彼らの重大な悪徳をもちこもうとしているように思われてならない」（『ヒュースケン日本日記』岩波文庫）と印象を述べている。

ここには西洋人の身勝手なオリエンタリズムが含まれているが、それでも、この言葉には一考の価値がある。

こういう緊迫した情勢下でも、帝国軍用犬協会はまだ種犬購買会の案内を出していた。しかし、紙不足でついに会報を出せなくなる。そして一〇月、副会長の名で本土決戦に備えた国防犬隊結成を訴えて、活動を完全に休止した。国防犬隊というのは、本土決戦に参加する軍犬組織のことである。日本シェパード犬協会の方も開店休業状態になっていた。中心者の一人であった中島基熊が、当時の状況を「世田谷経堂の宅へ移転した中野事務所は丸焼けで、室の物も全部焼け、相馬氏の調布の自宅も焼けて此れ又クラブ関係も全部消失しました」（中島基熊「追憶・JSV誕生迄まで・先陣達の苦闘」『JSV60周年史』）と書いている。

日本シェパード犬協会は、中島が経営していた昭和エーテルに、会計を担当していた砂川が勤務するという形で、かろうじて存続していた。中島自身も「戦争中は軍用犬の大東亜共栄圏を提唱されたりしましたが、人が踊らず食糧に困って、愛犬フッサン・北斗号を札幌の小原コーヨー荘に疎開されるという悲運にも遭遇しました」（「犬界回想録二　戦後のS犬界を守った中島基熊氏」『愛犬の友』昭和五八年六月号）と、周囲にいた藤島彦大が記している。犬版の大東亜共栄圏とはどういうものであろうか。おそらく輸入に頼らず、アジア全域で優秀なシェパードを育成しようという計画であったのではないか。大東亜共栄圏を最も善意に解釈すると、そういうものになるからである。中島はどう見ても軍国主義の旗を振るタイプではなく、純粋な犬好きであった。

◉「一切の畜犬はあげて献納もしくは供出」

事態は緊迫していた。狂犬病の流行を理由に、犬に対する施策が次々に打ち出された。昭和一九年（一九四四年）五月には「畜犬徘徊禁止の令」を出している。これで事実上、敗戦後の昭和二一年（一九四六年）三月まで都内では犬の徘徊が禁止となった。一〇月からは都内から連れ出すことも、他県から連れ込むことも禁止となっている。実際、飼料不足で捨てられた犬が野犬化し、人を襲う事件がたびたび起こっていた。

そして同年一二月一五日、軍需省（旧商工省）化学局長と厚生省衛生局長の連名で、ついに飼い犬の毛皮供出を求める通牒が出された。対象は「軍用犬、警察犬、天然記念物指定日本犬、登録済猟犬」以外の犬である。それまでは、飼い犬も放し飼いなら野犬とみなして捕獲するという扱いが一般的であった。それが完全に供出の対象となったのである。

各自治体ごとにばらばらであった飼い犬への施策が、これで統一されることになった。既に飼い犬も供出の対象にされていたから、言ってみれば追認である。国のお墨付きが与えられたことで、飼い主への圧力はさらに強まった。しかも、もしこの通牒が文言通り実行されたら日本犬は供出対象から除外されるはずであったが、そこは無視された。

前述のように犬の供出自体は狂犬病対策から来ていた。狂犬病は犬が背負った宿命のようなもので、それを理由に江戸時代から町犬や村犬が撲殺されてきた。明治になって畜犬取締規則が出されてからは、撲殺が公的な施策になる。狂犬病と撲殺はいつも隣り合わせであった。狂犬病は恐ろしい病気で、近代日本はずっとこれに悩まされてきた。

しかし、今川勲は著書の『犬の現代史』で、狂犬病対策が持つ政治的側面に目を留め、「狂犬病はその恐ろしさゆえに、その対策が治安対策に転化しうる面を持っていた。明治から大正に代替わりする時にも、野犬の捕獲と同時に銀座からのモダンボーイ追放、過激分子の大調査と称する政治活動家の一斉検挙、精神障害者の指紋採取と監視、強制入院、「癩病」患者の移動禁止、「不良鮮人」の取り締まり、「浮浪者」の一斉刈り込みなどが行なわれている」と指摘している。

◉強制ではなく献納「運動」

太平洋戦争に入ると狂犬病が大流行しているという風説も流され、犬を飼っていない人々の恐怖心を煽った。そこに、毛皮を軍に献納してご奉公しようという大義が加わったのである。もともと国は飼い犬の数を減らすため、供出時に犬を買い取っていたから、最後まで代金を払った地域もあった。供出の実態は様々であった。

最も多くの市町村が掲げたのは、兵隊のために毛皮が必要であるという理由からであった。しかし実際には、この時期にそこまで犬の毛皮が必要であったとは思えない。戦局が悪化し、皮を製品にするような経済の仕組みも崩壊していたからである。しかし「お国のために供出せよ」という声は、集団ヒステリーとなって理性を押し流し、犬と飼い主を追いつめた。自治体からは繰り返し回覧板が回ってくる。もはや目的も大義もどこかへ飛んでしまい、ただただお国のために犬を差し出すことが、皇民の務めとなっていった。

供出が「献納運動」として下から盛り上がった背景には、国民生活の逼迫もあった。どこの家も夫や息子が出征し、働き手を失って苦しい生活をしている。食べる物もない。そんな時に犬猫などを飼っているのは非国民なのである。それで、「うちは供出したのに、お宅はどうしてまだ飼っているのか」という犬好きからの批難もあった。こうして追い詰められ、苦しんでいる者がさらに他の者を追い詰めたのである。

◉空気の支配と忖度

犬の供出が強制的になっていくまでの流れは、野球が迫害されていく過程によく似ている。野球も最後まで、法律で禁止されたわけではなかった。しかし、次第にやりにくい雰囲気になり、それに呼応する動きが出てきて各地に波及し、もはや許されない空気になって、高校や大学の野球部が次々に解散していった。こういう時には必ず「忖度」する人間が出てくる。時流を敏感に捉えて時代の先を行こうという動きと、時流を意識して自粛に走る動きが一体になる。後から振り返ると、一体それは誰の意思であったのかがよくわからない。したがって誰も責任を取らない。「時代のせいだ」「そういう空気だった」ということになる。みんな共犯であったから責任の追及もできない。

戦災による消失や、ポツダム宣言受諾前の焼却を免れた回覧板はごくわずかしかない。内容は地域によってまちまちであった。共通しているのは、産地以外では日本犬の価値など一顧だにされていないことである。保存活動関係者は「日本犬は天然記念物に指定されている」「貴重な国犬である」と必死に訴えた。しかし一方で、日本犬を守るために「駄犬は撲滅して構わない」と言い出した時点で、運命は決まっていた。結局、軍用犬以外はみんな役に立たない犬になってしまったからである。

◉おもちゃ犬を飼うのは非国民

平成一八年（二〇〇六年）八月一五日付の『東京新聞』に、福山英也・ヤマザキ動物看護短期大学教授の体験が掲載されている。福山は日本におけるトリマーの草分けで、生家は東京都の神田小川町で代々続く呉服店であった。両親が犬好きで、家には常に数頭の犬がいた。福山少年は小学校の頃に一時、病気で学校に行けなかった時期があった。そんな福山少年にとって、犬は大事な友達であった。しかし、食糧が不足していく中、「無駄飯を食う犬はぜいたく品」「戦場で兵隊が死んでいる時に、おもちゃ犬を飼うのは非国民」であると言われるようになる。

小学校高学年になった頃、学校の担任教師がやってきて「この家は戦争を意識していない」と父親に詰め寄った。教師までが介入してきたのである。紙面では、福山教授が「オヤジは僕が集めた犬の雑誌を庭で燃やした。全部燃やすのに何日もかかった。その様子を見るたびに涙が出た」と当時の辛い心情を明かしている。雑誌から洋犬の姿が消え、軍用犬と日本犬だけになった。この時点では日本犬はまだ一目置かれていた。

福山教授の記憶では、犬の供出が始まったのは昭和一六、七年（一九四一、四二年）頃という。正式に通牒が出るよりずいぶん前である。その頃、福山家では二頭の猟犬と小型犬のマリがいた。錦町警察署（現神田警察署）で受付が始まると、飼い主たちは泣く泣く犬を連れていった。福山教授は「うわさでは、警察の裏庭に集められた犬が四、五日間、食べ物も与えられずに放置されたらしい」と新聞紙上で述べている。結局、福山少年の両親は供出に応じなかった。

猟犬二頭は埼玉に疎開させ、小型犬マリは二階でこっそりと飼い続けた。空襲が激しくなるとマリをリュックに隠し、一〇〇人前後がひしめく防空壕に逃げ込むのである。マリも周囲に見つからないよう、じっとしていた。福山教授は「事態がわかるんだね。かわいそうでしょうがなかった」と取材した記者に語っている。一緒に防空壕にいた人たちも見て見ぬふりをしてくれた。犬をめぐる状況に胸を痛めていた人も、少なくなかったということである。しかし、そこに一人でも「この非国民！」と叫ぶ人間がいたら、マリはどうなっていたことか。

そして戦争が終わり、ようやく犬と一緒に歩けるようになった。しかし、マリは間もなく死んだ。息をひそめて暮らした日々が、犬の寿命を縮めたかもしれない。戦後、福山教授は警視庁の元獣医に、供出された犬たちの末路を尋ねた。しかし、元獣医は、「それだけは聞かないでくれ」と口をつぐんだという。

獣医は犬の供出に深く関わっていた。供出を指示する通牒は、軍需省化学局長と厚生省衛生局長の名で出されている。犬供出の母体となったのは狂犬病対策であり、これは公衆衛生の問題だというのが建前であったからである。

◉消えていく飼育者、野犬化する犬たち

日本犬保存活動の担い手たちも苦闘していた。四国犬に関わった大館友重の回顧によると、高知市の場合は地方都市でもあり、昭和一六、七年頃はまだそれほど不自由を感じなかったという。しかし、次第に食糧物資が不足していくと飼育は困難になっていった。それでも日保本部や各支部の活動を停止した後の昭和一九年（一九四四年）春まで、高知では支部展を開催し続けた。しかしながらそれも限界に来た。飼育者は一人また一人と櫛の歯が抜けるように、日ごとに姿を消していったのである。飼育者たちは様々な方法で犬を手放した。野に放つ者もいれば、山間部の知人や親戚に預ける者もいた。

大館は当時をこう回顧している。

「主人を失った犬たちは、知人や親類に預けていった主人の好意にも本能がそうさせるのか、頑迷なまでの帰家本能が優秀な四国犬なるが故に逃走が相次ぎ、野犬と化した。また人々も、自分の生命の保証も出来ぬ時代となったが、これまでに残し、探し出してきたわが四国犬を、このまま滅亡するのになす術さえないのかと思われていた」（大館友重「四国犬はどう育ってきたか」『愛犬の友』昭和三八年三月号）。

すでに四国三名犬の一角であるゴマ号は死亡、長春号もすっかり老いて耳も聞こえず視力も衰えていた。それでも長春号は戦争末期まで何とか生き抜いた。しかし食糧難は言語を絶する状況となり、犬に対する逆風が吹き荒れる中、遂に高知市内で日本犬を飼っている人間は、わずか数名という状態になったのである。

◉長春号の血を受け継ぐ、ただ一頭の雄犬

土地の名士であった古城九州男でさえ、「犬など買って安閑と暮らしているとは何事か」と、たびたびその筋から説教を食らっていた。それでも古城は頑として犬を飼い続けた。そしてこの窮地を切り抜けるために、渾身の策を講じたのである。長昭号など長春系の犬八頭を買い集め、まだ食糧があった香川で農業をしている日保会員などに、飼育料を払い土地を買い与えて飼育を委託することにした。

長昭号は三名犬の一角、長春号が残した唯一の雄犬で、同じく楠号の血も引いている貴重な犬であった。長春号は古城九州男のところに落ち着くまで、各地を転々とした流転の犬であったが、長昭号もまた数奇な運命をたどった。長昭号は、岡山の安原俊一が飼っていた楠号の娘、楠美女号を京都の山田宙平が無理を言って譲り受け、長春号との交配で生まれた犬である。犬をめぐる状況が悪化していた昭和一五年（一九四〇年）九月のことである。

四頭生まれたので山田は喜んで登録したが、食中毒で三頭が死んでしまった。生き残った一頭もジステンパーにかかり、もはや命は風前の灯となっていた。それを聞いた大阪の鍋島孝が切望して譲り受け、昼夜を問わず懐に入れて暖を取り看病をした。鍋島の熱心な看病の甲斐あって、やがてその仔犬は回復した。それが長昭号である。

父犬の長春号は交配の時、少しでも雌が気乗りしない様子を見せると二度と近づかなかったから、交配はとても難しかった。もしこの時の交配がうまくいっていなかったら、長春号の血は伝わらなかった可能性が高い。しかし回復はしたものの、長昭号は後遺症で左目が角膜潰瘍を起こし白濁してしまったのである。しかし、それ以外は素晴らしい犬であったので、鍋島は眼科医のところで、人間にするような入れ墨注射をし

てもらった。

◉古城九州男、香川の会員たちに八頭の飼育を委託

鍋島孝は長昭号の気性が気に入って大切に飼育した。そして昭和一八年（一九四三年）、戦前最後の関西支部展に出陣させて最高賞に決まりかけた。しかし、その時、審査委員長の里田源三に、あの犬は入れ墨をしていると知らせた人間がいたために落選してしまう。ちょうどその頃、古城は戦況の逼迫を感じて長春系の系統繁殖を考えていた。そこで、意気消沈している鍋島から長昭号を高値で買い戻したのである。しかし、高知ではもう犬は飼えない。

そこで、香川県南西部の琴平町に住む山本福武が、犬は好きだが金を出してまで買えないという人々を集めた。古城はそれらの人々に田畑を買い与え、代金も払って長昭号ら八頭の飼育を委託し、純血四国犬作出研究会と名づけた。古城はこの計画に、強い意思と高い知性と、医者としての能力と財力とを惜しみなく注ぎ込んだ。説明を聞いた関西の中心者里田原三は、「まるで総理の施政方針演説を聞くようだ」（岡田睦夫『往古日本犬写真集』誠文堂新光社）と感心したという。

なかなか計画通りにはいかなかったものの、高松市の河野に預けた登美女号が発情したので、長昭号と交配して雄雌各一頭が生まれている。しかし高松はその後、昭和二〇年（一九四五年）七月四日未明にアメリカ軍の猛空襲を受けた。高松の上空には一一六機のB29が飛来し、市街の八割が焦土と化した。

河野はこの時、まず登美女号を栗林公園に避難させた。そして自宅の様子を見に戻ったら、もう全焼して灰になっていたのである。その後、河野は香川の山本の許に身を寄せて暮らしていたが、気落ちもあったの

四国犬を観る昭和天皇

昭和天皇は敗戦翌年の昭和 21 年から、サンフランシスコ講和条約発効による独立をはさんだ昭和 29 年まで、全国を回るいわゆる戦後巡幸を行なった。この写真は昭和 25 年 3 月下旬、高知を訪れて四国犬を観た時の様子。撮影者は、長春系四国犬の血を戦後につないだ古城九州男。

出所：『日本犬』昭和 25 年第 5 号（昭和 25 年 12 月）

であろう、腸チフスにかかって死去してしまった。河野の面倒を見た山本は、昭和一六年（一九四一年）六月、会報『日本犬』（一〇巻六号）に「使命」という題で「今こそ日本犬を守ろう」と寄稿し、古城のために犬の委託先を探すなど、四国犬の血を繋ぐために多大な貢献をした。しかし戦後に古城を困らせることになるのだから、人間というものはわからない。

◉松風号、奇跡的に生き残る

一方、陸奥号と共に戦後の四国犬復活を担った松風号は、昭和一九年（一九四四年）三月という大変な時期に、広島県安芸郡音戸《おんど》で岡林俊樹が作出した。長春号と楠号双方の血を引く菊二郎号の孫である。岡林はこの菊二郎号を連れて、昭和一六年（一九四一年）一二月八日、まさに太平洋戦争開戦の日に、上野で開かれた本部展に参加していたのであった（一四五ページ）。岡林が暮らしていた音戸町は、瀬戸内海に浮かぶ島にあり、戦争中もあまり人目に触れずに犬を飼うことができる環境であった。しかし戦争末期、音戸町は軍港呉に向かう米軍機の通り道になってしまう。連日の空襲で、もはや犬を飼うどころではなくなった。誰も彼も右往左往して、逃げ回るのが精一杯になった。松風号は、そんな中でかろうじて生き残った犬であった。

岡林は愛犬の菊二郎号らを連れて、開戦翌年の本部展にも出かけている。しかし、その後、戦局の悪化で飼料もままならなくなり、岡林は数頭の優秀犬と共に菊二郎号を手放した。主に生活に余裕のある知人に託したのである。供出しなかった人は知人に託すか、せめて野犬として生き残って欲しいと野に放ったのである。三河犬批判で有名な松本克郎も、供出するのがかわいそうで小豆島まで捨てにいったという。そのため、松本が所有していた優秀な楠系は全て野犬になってしまった。昭和二九年（一九五四年）に行なわれた座談会「日本犬を遠慮なく語る」で、松本は「最後まで残っていたそうですけれども」と残念そうに述べている。

菊二郎号は岡林のもとを離れる前に、幸いクマ号という直仔をつくっていた。このクマ号を岡林は、裕福で比較的食糧を入手やすい酒造家のところで飼ってもらうことにした。名犬ゴマ号の仔である梅号も友人に託した。岡林の次の回想に、保存活動に携わっていた人々の当時の心境がよく表れている。

「ただ願うは、何とかして、ゴマや長春や、楠などの貴重な血液を戦争が終わるまで一頭でもいいから残したいものと、痩せほほおけて放ち飼いされている二、三の犬を遠くから監視して、撲殺や盗まれる事を防ぐのに精一杯であった」（岡林俊樹「名犬作出の体験を語る　中型犬四国犬」『日本犬大観』）。

◉明日をも知れぬ苛烈な情勢下で交配を断行

供出を逃れるために捨てられ、野犬となった犬たちが痩せ細りながら生きているのを、はらはらしながら遠くから見ているしかなかったのである。想像するだけでも痛ましい光景である。こうして多くの犬たちが生死不明になってしまった。おそらく生き抜けなかったであろう。野垂れ死にしたか、野犬狩りにあって撲殺されたか。

当時、戦渦はますます熾烈の度を加えており、食糧事情は言語に絶する状態となっていた。そんな時にクマ号を託していた酒造家から、発情したという知らせが来たのである。もはや明日をも知れない苛烈な時代であった。しかし岡林はせっかくの発情を見過ごすに忍びず、他の友人に託していた梅号との交配を断行した。そして雄二頭が生まれたのである。

とはいえ「時あたかも終戦前の日毎の空襲に右往左往逃げ惑う国民に対して犬などかまってはおれぬ状態にて、ひたすら戦勝を得るに全力を傾注し、数ヶ月私の脳裏より犬という事の抹消されている間にクマ号、梅号、松号など惜しみてもあまりある良犬は、次々にいずれも行方不明（未だに生死不明、おそらく撲殺されしならん）」（岡林俊樹「中型犬　四国の犬」『日本犬大観』所収）となってしまったのであった。

何とか交配させたクマ号と梅号も行方不明になって生死不明、おそらく撲殺されたであろうとは悲しい話である。託された知人たちも飼いきれなかったのではないか。餌を求めて出ていったか、野に放たれたかしてさまよっているうちに、野犬として撲殺されたのではないかと岡林は推測している。また、梅号とクマ号との間に生まれた仔犬二頭のうち、一頭も行方不明になってしまった。その生き残っていた方の一頭が松風号なのである。岡林は、「戦争の災禍とはいえ、一挙に貴重な血統を持つ数頭を失ったことは千秋の恨事であった」と書いている。松風号が生き残ったのは、まさに奇跡的な幸運であったのである。

◉紀州犬関係者、「獣猟報国団」を結成

紀州犬関係者は良犬を供出から守るため「獣猟報国団」を結成した。いい猟犬によって大切な作物を害獣から守り、お国に奉仕するという主旨である。戦争末期は何でもかんでも報国団になった。宝塚歌劇団は宝塚報国団、大学の野球部は野球報国団となって農作業や勤労奉仕に励んだ。報国に役立たないものは生き残れない。そこを逆手に取って「獣猟報国団」を結成をすることにしたのである。

これによって猟犬と、保護の指定を受けた犬が供出対象から外れたため、かろうじて血がつながった。それでも手違いからか、絶対に残すべき貴重な種犬が連れていかれてしまうこともあった。関係者が驚いて役所に駆けつけたが、一歩間に合わずに皮になっていたという話もある。紀州犬が多く飼われていた群馬県では、昭和一六年（一九四一年）秋の本部に出陳された国定号を譲り受けた福島新八が、納屋に隠して飼い続けた。犬は外に出たがるから、隠して飼うのは大変なことであった。

和歌山県の新宮市では、もう犬を飼っているのは岩本英二郎一人になっていた。その様子を、紀州犬の飼育者であった尾崎邦二が後に、「私はだいたい昭和一八年（一九四三年）頃に新宮へもどったんだけどもう全滅やった。もう犬飼えなんだ。非国民じゃ言われるし、米はないし何もないし」（「日本犬対談　和歌山県の紀州犬を語る1」『愛犬の友』平成元年一〇号）と回顧している。正式な通牒が出される前に、すでにこういう状況であったのである。

岩本英二郎は、戦後の紀州犬再建に貢献する三山号を隠すのに苦労した。三山号は三名犬の一角、義清鉄号の血を引いていた。尾崎は岩本について「特に三山が山に行かなかったから、隠すのに骨が折れたと。このくらいの顔の犬だから、いずれ平和が来たら大事な犬だからということで、奥さんの里へ預けたり、あっ

ちこっちへ隠したりして、苦労したらしいね」と述べている。

一応、猟犬として認められれば供出を免れることになっていた。しかし、三山号は山に入るのを好まなかったのである。当時でも、残っていた日本犬がみんな猟に向いていたわけではない。保存活動が始まる前は、猟ができない犬は淘汰された。だから猟に向く犬が生き残ってきたのである。しかし、その猟犬を守るのも難しくなっていた。日本犬関係ではないが、大正一四年（一九二五年）に『狩猟と畜犬』を創刊し、日本の狩猟文化を牽引した狩猟家、竹本恭太郎が築いた名血統タケゾノ系もここで途絶えてしまったのであった。

◉柴犬を飼育していた中城龍雄と憲兵との会話

信州柴の熱心な飼育者であった中城龍雄は、関係者が次々に疎開していく中、東京にとどまって事務局を引き受け、自宅に日本犬保存会の看板をかけていた。そして二階で三頭の柴犬を飼っていた。中城は晩年、取材に答えてこの頃の体験を語っており、それが『日本犬　血統を守るたたかい』（吉田悦子、小学館）の中に出てくる。中城が柴犬を飼っていることが、なぜか憲兵隊の知るところとなり、ある日踏み込まれたのである。「どういうことだ」と迫る憲兵に対し、中城は「日本犬は大事な国犬だ」と必死に訴えた。この出来事が通牒の出る前であったのか、後であったのかはわからない。みずから語った話なので内容が大げさになっている可能性があるが、憲兵が来たこと自体は事実であろう。

もし天然記念物の指定を受けていなかったら、中城もそこまで言えなかったかもしれない。また保存会関係者ではない一般の飼い主であったら、憲兵が来ただけで震え上がって何も言えなかったのではないか。それにしても、憲兵はどうして中城が柴犬三頭を飼っていることを知ったのであろう。目を皿のようにして探していたのか、噂を聞きつけたのか。あるいは通報ということも考えられる。理不尽な戦争は人心を極限まで荒廃させた。

山陰柴犬は鳥取の尾崎益三を忠心に、手探りで系統繁殖を行ない、この頃には次第に固定化されつつあった。しかし、長引く戦争と戦局の悪化で、保存活動の担い手たちも愛犬を泣く泣く野に放つ事態に追い込まれる。召集令状も次々に届き、飼育者たちは犬を山間の猟師に託すなどして出征していった。食糧事情も逼迫し、五〇頭以上の犬を飼っていた尾崎は窮地に立った。

尾崎は「丁度その頃から不幸にも有史以来の大戦争となって、日に日に少なくなり、遂に一時はほとんど犬を見る事は困難となった。私は何とかして保存したい、大戦争も永久なものではない以上、必ず平和が来る。そうすれば愛犬家が出来る。それまでなりと保存せねばならないと決意した」(「山陰小型犬」『日本犬大観』精文堂新光社)と回想している。その頃、鳥取県知事が替わった。新しい知事は若く才気豊かで、幸いにも、尾崎が山陰柴犬の保存活動をしていることを知って関心を持ってくれた。尾崎は、「わざわざ来訪されて、飼料等について助力して頂く事が出来、戦争を乗り切って研究犬二十頭ばかり残すことができたのである」と感謝の言葉を残している(同書)。

◉猪型甲斐犬の悲劇

甲斐犬はこういう緊迫した情勢下でも、被害を最小限にとどめることができたと言われる。甲斐犬愛護会に県内の有力者が集まっていたことや、愛護会の審査を通過した犬は畜犬税を免除されていたこともあって、役所や警察が貴重品という認識を持っていたからである。ただし審査を通過しなかった犬と、評価の低かった猪型は守られなかった。ずんぐりしていて体型が悪いとされた猪型甲斐犬は、日本犬保存会展覧会で入賞しなかった。そこで飼い主たちは不用犬として供出したのである。

しかし、猪型は文字通り猪猟に特化した体型であって、姿形が劣っていたわけではない。日本における猟の八割は猪猟であり、猪型は日本の代表的猟犬の形態であった。多数派であった猪型より、頭が小さくて手足の長い鹿型が評価されたことに、洋犬至上主義の微妙な影響が感じられる。

もはや天然記念物指定のお墨付きなど無視されていた。それでも徹底的に抵抗した人々もいた。北海道の岩見沢地方では田村、石崎の両氏が熱烈な擁護活動を繰り広げ、同地方の日本犬全てを供出から守っている。お陰で岩見沢系の血を戦後につなげることができた。極限の状況下でもなお、人間の行動が現実を動かすことができた稀有な例である。

◉最大の被害をこうむった秋田犬

一方、体の大きな秋田犬は最大の被害を被った。たくさんの飼料を必要とするため、秋田犬は最初にやり玉に挙げられたのである。秋田犬を飼って五〇年以上の大ベテラン澤田石守衛の回想（『秋田犬の父　澤田石守衛』木楽舎）によると、昭和一九年（一九四四年）の時点で、秋田犬はすでに五〇頭を切っていた。個体数が一〇〇頭を切ると、その種の存続は難しい。「これはいかん」と思った澤田石は、隣村の知り合いから立派な犬がいるという話を聞いて、その孫を購入することにした。

澤田石の月給は五〇円であったが、仔犬の値段は三〇〇円もした。すでに食糧が不足していて、山奥でも秋田犬を飼うのは大変であった。放し飼いなどにしようものなら、盗まれて肉を食べられた挙げ句に、毛皮を持っていかれてしまう。当時そういうことが頻繁に起こったので丸太小屋をつくって大切に飼った。秋田犬は本来、外で飼う犬である。しかし澤田石は犬を朝夕、散歩の時だけ表に出して後は丸太小屋に入れていた。

◉大切に育てた犬の首を吊る

秋田犬の故郷である大館町も、もはや犬どころではなくなった。秋田犬保存会の元常務理事で獣医の小笠原圭一の回顧によると「戦中戦後と、秋田犬は大型犬であるにもかかわらず、ろくな食事が与えられませんでした。ワラビノリ、カタクリ、イモガユ、カボチャ、大根といったところで、よくぞ生き延びたものだと思います。繁殖力が低下して、交配しても仔犬が生まれなかった。生まれても栄養失調やジステンパーでたいがい死んでしまいました」（『日本犬　血統を守るたたかい』小学館）と当時の状況を伝えている。

今のように暖房もなかったので周囲を藁で囲んで穴を作り、その中で出産させた。仔犬を育てるにも、囲炉裏のそばに連れてくるなどして気を配った。また外に出せなかったため、冬に生まれた仔犬は日光不足からくる骨軟化症で、足が曲がっていた。また、密かに洋犬と交配させたという伝聞もある。軍用犬であるシェパードの血が入れば不要犬ではなくなり、供出を免れるであろうという苦肉の策であったと言われる。もしそれが本当だとすれば、在来犬とは別物になった新秋田から苦心して洋犬の血を薄めてきたのに、逆のことをしなければならなかったことになる。

重鎮の一人である京野兵右衛門のところには、犬の飼育を委託していた人々が供出するに忍びず、次々に返しにきた。そのため犬を処分せざるを得ないはめに陥った。犬舎を預かっていた金さんこと藤崎金之助らが、枝に縄をかけて首を吊るのである。疎開で東京から郷里に戻っていた京野は、丹精込めて作出し育てた

昭和20年（1945年）にはこんな出来事が

ヤルタ会談で、戦後の世界秩序やソ連の対日参戦が決まる
ドイツが無条件降伏
硫黄島守備隊がほぼ全滅
全国で連日連夜の猛空襲
沖縄戦、戦艦大和沈没
広島、長崎に原爆投下
ソ連が満州に侵攻
日本、ポツダム宣言を受諾して無条件降伏

犬たちの悲惨な末路を見て、「もう犬のことは考えたくない」と悲嘆にくれた。後に京野は庭に「狗子有仏性」という供養塔を建てた。そして戦争が終わってもしばらくは、犬とは無縁のダリアの品種改良に専念している。

◉苛烈な時代を生き抜いた秋田犬、守った人々

しかし、この苛烈な時代を秋田と東京で、戦後の復活を担う少数の犬たちがかろうじて生き抜いた。大事な犬を手放さなかった飼い主もいたし、比較的食べ物があった山奥の飯場などに預けた者もいた。出羽号を祖犬とする出羽系では、雷電号や出羽若号などが生き伸びていた。

戦後『愛犬の友』が開いた座談会で、伊藤益太朗が次のように体験を述べている。

「出羽系の雷電は花岡鉱山の俗称『ひげさん』と申したなかなかに気性の固い人ですが、この人があの食糧事情の困難な時代に養ってくれたのです。本名はちょっと思い出せないが、この人が繁殖用に使わせるようになって私も一度花岡鉱山にかけに行ってきましたが、鉱山だけに一般よりは食糧事情もよかったわけです」

（「秋田犬の現況と将来を語る　県南中央の巻」『愛犬の友』昭和二八年八月）。

戦後に秋田犬ブームを巻き起こす金剛号の母犬である館光号は、昭和一九年（一九四四年）の一二月という困難な時期に、大館の平泉良之助宅で生まれている。平泉は飼っていた雌犬の飼育に困って、農業地帯でハチ公の生まれ故郷である二井田へ預けたが、先方も食糧難で飼育しきれずに返されてきた。そこでまた手もとで飼い出羽若号と交配させたところ、館光号が誕生したのである。

生まれたのは五頭であったが、二頭は淘汰し三頭残した。その三頭のうち館光号以外の二頭は他へ譲り、母犬も飼いきれなくて淘汰してしまった。しかし、三ヶ月頃になった時にはさらに食糧に困り、残った一頭すら養えなくなって米の配給をしていた人に預けることにした。その人のところなら米も少しはある。こうして館光号は何とか生き抜いた。やがて戦争が終わり、ようやく連れ戻すことができた。そして二度目の出産で生まれたのが戦後の大スター犬、金剛号である。

◉戦争を生き抜いた一ノ関系の犬

もう一つの主流である一ノ関系では十四子号や寿五郎号、その仔の一ノ関ゴマ号などが戦争を生き抜いた。十四子号と寿五郎号の母犬は白毛の山号である。飼育者は一ノ関国郎の親戚で、大葛村村長の荒谷夷一であった。金山も経営していて犬舎名は金山荘であった。荒谷は村役場から金山に行く時、よく山号を連れていった。

いつの頃からかわからないが、秋田北部の阿仁地方には白毛の犬たちが生息していた。大館市葛原の山間部にひっそりとたたずむ、老犬神社に祀られているのも白い犬である。その白犬は定六というマタギが飼っていた忠犬で、哀しい物語が伝えられている。秋田犬保存会は会報『秋田犬』の表紙に、この老犬神社の中にある一対の白犬像を使用している。一時秋田犬に血が入った土佐闘犬には、白毛の犬はいない。白犬はこの地に生きてきた犬なのであろう。

この山号が昭和一四年（一九三九年）に十四子号を、昭和一五年（一九四〇年）に寿五郎号と荒鷲号を生んだ。生まれた年が命名の由来である。この二頭は鹿角《かづの》郡の旧家、渡辺全次雄《ぜんじお》に譲られ育てられた。犬猫無用論が台頭し、風雲急を告げてきた頃である。渡辺らは時の大信田警察署長に頼み込み、十四子号ら四頭の犬を、種犬として飼育し続けることを認めてもらったのである。そのおかげで、寿五郎号は橘号や一ノ関ゴマ号などの父親となり、戦後秋田犬復活の土台となった。供出の猛烈な波に逆らう決意をした、大信田署長の英断に感謝するしかない。

寿五郎号の仔、一ノ関ゴマ号は逸話の多い犬である。昭和一八年（一九四三年）四月に渡辺宅で生まれた後、山本郡椿村の佐藤一郎のところへ移った。佐藤は一人息子を出征させるのが寂しくて、一ノ関ゴマ号を譲ってくれるよう頼んだのである。犬が大好きであった息子は、入隊前実家に立ち寄って一ノ関ゴマ号をかわいがり、一緒に写真を撮った。そして、このゴマを自分の代わりだと思って大切にしてくれ、という言葉を残して出征していったのである。そして戦後の昭和二二年（一九四七年）、一ノ関ゴマ号は天の采配としか言いようのない偶然から、一ノ関系を復活させる戦後の大スター犬、五郎丸号を生み出すことになる。

◉秋田犬を飼い続けた警察官

種犬として飼育を認められた寿五郎の仔である橘号は、戦争中に生まれて間もなく東京に行き、羽田の石

黒柴のちい子ちゃんを抱く、蔀京子の母親と祖母
　疎開前、横浜にて。
出所：ブログ「ボクは健斗　時々デビル」2010年1月15日「運命の犬」より

山政治のもとで育てられた。それから、後に秋田犬協会を設立する石原勝助の紹介で世田谷の警察官、藤岡御代四《みよじ》宅に移った。また寿五郎号と同胎の荒鷲号も、大森に居を構えていた秋田の地主一ノ関国郎から、やはり藤岡御代四に譲られている。地主たちは東京に出ていたから、秋田東京間をしばしば犬が移動したのである。警察官であった藤岡御代四は秋田犬の愛好家で、昭和二三年（一九四八年）の秋田犬協会設立に参加し、初期の審査員も務めている。

荒鷲号は藤岡の息子である勇と仲良く育った。犬猫献納運動で供出が求められるようになると、藤岡は人目を避け、見えない所に隠して飼い続けた。しかし次第に風当たりが強くなり、「藤岡さんは警察官だから、この非常時に犬を飼えるのだろう」と批難されるようになった。当時、警察官は犬の供出を受けて処分する立場であったのである。藤岡もとうとう飼い続けられなくなって、息子の勇が疎開している間に荒鷲号を知人に預けた。しかし、荒鷲号はその知人宅から逃走してしまう。戦争が終わって戻ってきた息子の勇は、それを聞いて悲しんだ。しかし、幸いにも奇跡的な再会を果たすのである。

そして昭和二〇年（一九四五年）二月に硫黄島守備隊が全滅し、三月には東京大空襲があり、四月には戦艦大和が沈み、沖縄にアメリカ軍が上陸した。国民は極限までの窮乏生活を強いられ、「一億総特攻」「本土決戦」が叫ばれる中で犬猫供出運動が本格化した。供出を求める正式な通牒が出て、年明けから全国でさらに多くの犬が供出されていく。

◉健ハル母さんからの聞き書き

平成二六（二〇一四年）に放映されたNHKの朝ドラ「花子とアン」で、愛犬テルがいなくなって子どもが悲しむ場面が放映された時、私がいつも読んでいるMichyこと原理保の柴犬ブログ「湘南凸凹柴WAN日記」のコメント欄で、犬の供出が話題になった。そこに「ボクは健斗　時々デビル」を書いている健ハル母さんこと蔀《しとみ》京子が、母親の貴重な実体験を記していた。蔀の母親と祖母は戦争末期、飼っていた黒柴を箱に入れて横浜から茨城に疎開したとのことであった。

こういう生の声を聞く機会はもうないので、筆者は蔀に連絡を取り、もう少し詳しく聞いてもらった。それによると、生家は横浜の馬車道で油問屋を営んでおり、ドイツ人の船員から譲り受けたという黒柴のちい子ちゃんがいた。当時では珍しい室内飼いであった。小さかったからちい子ちゃんで、船の中で生まれた犬を近所の人と一頭ずつ買ったという。ヒートになると手作りのマナーパンツを履かせていたというから、今と変わらないかわいがり方である。

戦火が激しくなって、横浜も危なくなり強制疎開地域に入った。そこで、「祖母の実家のある茨城県に疎開することが決まったそうです。油と交換で切符を手に入れたとか。そのあたりは確かではありません」と蔀が語った時代というのは、昭和二〇年（一九四五年）四月のことである。しかし、いくら物わかりのいいちい子ちゃんでも、おとなしく電車に乗っていられるかどうかわからない。そこで一ヶ月前から「ちい子ちゃん疎開大作戦」を始め、箱に入れて風呂敷に包んで列車に乗る練習を何度も繰り返した。そして電車に乗り無事に水戸駅に着くと、後は実家まで歩いた。無事にたどり着いたちい子ちゃんは、そこで子どもも生んで長生きすることができた。しかし横浜の家は疎開した後、五月の大空襲で焼けてしまい、手広くやっていた商売も灰塵に帰してしまった。

◉らいのははさんが聞いた甲斐犬の供出

蔀は以前、ブログに「運命の犬」という記事を書いている（二〇一〇年一月一五日）。そこに、ちい子ちゃんが蔀の母親（当時一一歳）に抱かれている写真が掲載されている。それにしても、どういう経緯でドイツ人船員から黒柴を買ったのであろう。

そもそも、そのドイツ人船員はどうして黒柴を持っていたのか。非常に興味深いがもはやわからない。普通に生活している人は、わざわざ日常を記録しようとは思わないから、生活の様子は歴史として残らない。犬に関しても残っている記録はわずかである。後世の我々は、かろうじて残ったわずかな記憶や記録をつなぎ合わせ、パズルのように組み合わせて推測するしかない。

なお、蔀の母親は、

「小さかったせいかしら、供出は求められなかったと思う」

と話したそうである。

しかし、小さいから供出を免れるということはないはずである。その地域はあまりうるさくなかったか、または地域で人望があるために、強く求められなかったか。あるいは、子どもであった蔀の母さんの母親が知らなかっただけで、実際には色々あったのではないかと私は勝手に推測している。蔀の母親はその後お歳を召されて、対話が成立しなくなってしまった。私の問い合わせがもう少し遅かったら、聞くことができない話であったのである。

同じコメント欄で、甲斐犬の雷くんを飼っている「らいのはは」さんも、雷くんのルーツを知りたくて、山梨の奥地にある犬舎を訪ねた時の体験を書いていた。雷くんを連れて歩いていると、たくさんの人が声をかけてきた。その中の一人が、戦争中の体験を語ってくれた。

「戦時中、飼っていた犬に食べさせるものがなくて、秋田県の山奥の知人に犬だけ疎開させたんだよ」というものであった。

◉『戦争中の暮しの記録』より

雑誌『暮しの手帖』が、昭和四四年（一九六九年）に読者から手記を募集して出版した『戦争中の暮しの記録』（暮しの手帖社）の中にも、犬に関する文章が一つある。三鷹市に住んでいた池田ゆき子が書いた「犬を連れて」である。その一部を簡約して紹介しておく。

昭和一九年（一九四四年）の秋のこと。池田が、予防注射に連れていくと、飼い主に置いていかれた犬があちこちに繋がれていた。スピッツを連れた婦人が、「供出なんてできませんよね」と暗い顔で話しかけてきた。間もなく、池田は故郷に疎開することになった。そこで問題になったのが犬である。もはや犬の移動は禁じられていた。しかし、家族の一員として共に暮らしてきた犬を置き去りにはできない。

池田は、夜ひそかに東京を脱出しようかとも思ったが、見つかって降ろされる所まで、とにかく汽車に乗っていこうと思い直した。そして「彼の首に成田山のお守り札を縛りつけ、一番大きいリュックに入れて背負い、最終列車の発車間際に上野駅の改札口を走り抜けた」という。列車の中はトイレの中まで人や荷物でぎっしりで、池田は郵便車との連結板の上で一晩中、袋を抱きかかえて無事に着くことを祈り続けたのである。

列車が福島の白河を過ぎたあたりから一一月の夜風で体が冷えた。トイレに行くこともできず、男性は窓から用を足し、女性も切羽詰まってまどから降りて、夜の闇に紛れて用を足していたが、「身動きのできない私は連結板の上で三回位おたれをしたろうか。濡れた腰はいよいよ冷えて、感じがなくなった。袋の中に時々手を入れて、『大丈夫だよ』とささやいた」、という。

夜が明けて列車が郡山に着くと、乗り換えで多くの人が降りた。ほっとして立ち上がると、犬もやれやれというように顔を出してしまったのである。すると誰かが通報したのか、池田は車掌が回ってきた時に睨まれたように感じ、トイレに逃げ込んだ。そうして朝の八時頃、やっと宮城県境の駅に着いた。降りて列車が動き始めると、先ほどの車掌が慌てて扉を開けて睨まれ、池田は畑の間の道を一目散に走った、という。

◉猟師が撃ち殺し、その肉で酒盛り

さらに、池田の愛犬に危機が起こった。

「第二の危機。年も明けた二月の始め、『犬は全部供出せよ』ということになった。東京では『なるたけ』という条例も、末端の役場になると、このように強制的になるのか」と、池田は驚いた。この後、地域によって様々であった供出の実態が明かされる。町の猟師たちが登録してある家を回って、泣いて命乞いをする飼い主の目の前で犬を射ち殺していったのである。ある女性が用事から帰ってみると犬が四つ足を縛られ、血だらけになって鉄砲の先にぶら下げられていることもあったという。

「せめて死骸だけでも返して欲しい」

と女性が懇願すると、

猟師は、

「そんなにほすくば、肉をやっからこう」（そんなに欲しければ肉をやるから来い）

と言った。

そして夜、猟師たちは犬の肉を食べながら酒盛りをしていた、という。

なぜ猟師が殺処分を請け負うことになったのか。猟師の多い地域だから、その方が簡単であったのか。この猟師たちもおそらく犬を使っていたであろうに、食べてしまったのである。

連れてきた犬をどうやって助けようか、池田は姉と相談した。蔵に入れても吠えれば見つかってしまう。聞くと犬の供出日は三日間だという。そこで睡眠薬を飲ませて眠らせることにしたのである。一錠は少し多過ぎたようで、犬は眼を覚ました時によろよろしていたが、とにかく供出から守ることができた、という池田の回想録である。

◉利口で有名な犬、コロの最期

『愛犬ジャーナル』は昭和四〇年（一九六五年）一月号で、犬と生きてきた読者の思い出を特集している。その中に「満洲星ヶ浦のよき地よき日の思い出から」という一文がある。関戸洋子という女性が書いたものである。満洲で犬を飼っていた関戸は、小学生の時に日本に戻ってきて、父親に生後四〇日のころころとした雌犬を買ってもらった。

コロはとても利口な犬で、関戸が学校から戻ってくる時間になると、近くまで迎えにきてくれるのであった。たまに週末、関戸ら一家が家から山の別荘に直行することがある。すると、置いていかれたと気づいたコロは山まで一人で歩いてきた。そのうちケーブルカーに乗った方が速いとわかると、一人で乗って来るようになり、人々をびっくりさせたものである。しかし、やがて犬が飼いにくい時代になり、関戸の親も仕方なくコロを山に放した。供出するには忍びなかったのであろう。

コロも状況を悟ったのか山で暮らしていたが、月が出ている寒い夜などは家の近くに来ることがあった。秋になった頃には、若いコリーの雄犬と仔犬たちを連れてきたこともあった。コリーは疎開してきた人が放したものらしかった。そんなコロが死んだのは昭和二〇年（一九四五年）の春である。大々的な野犬狩りが行なわれて数頭が捕まった後、役所から、「その中にお宅の犬がいますが、毛皮を兵隊さんのオーバーの裏につけるため献納するのだから、こらえてください」と連絡があった。

しかし、そうとは知らない関戸は夜になると、いつものように庭に出て「コロ！」と呼び続けた。その様子を見かねた祖母から真実を聞いた時の悲しさを、関戸は今も忘れることができないという。関戸は悲しくて翌日、コロが毛皮になっていないか、学校帰りに役所に見に行ったのであった。

◉人目を忍んで飼い続ける

日本犬保存会創立時の理事であった平岩米吉も三月六日、栃木に疎開した。東京大空襲の直前であった。幸いというべきか、一緒に暮らした狼や狐などの多くの動物たちは、この頃までには年老いて死んでいた。平岩は二頭のシェパードと、娘が飼っていた猫を連れて東京を出た。栃木には父親の代からの土地があったのである。犬は娘の由伎子が大きなリュックに入れて背負い、改札口で呼び止める駅員を振り切って走った。

供出せずに犬を飼い続けた少数の人々は、みな苦しい思いをしていた。平岩米吉が主宰していた『動物文学』が戦後復活した際、松蔭女子専門学校教授であった森永義一は、「犬のこの頃」という一文を寄稿して当時の体験を記している。これは有名な逸話で、あちこちで紹介されている。

森永は人間の食べるものもほとんどなくなった戦争末期も、二頭の柴犬を飼い続けていた。

「私たちはほんたうに色々なものを食った。そして、人間も犬も痩せ細りながら生き抜いてきたのである。人間さへも食うや食わずでいるのに、犬など飼っているという世間の人の、陰の、又露はな批難、またさう批難されるであらうと思ふ心の呵責を、私は、この二つの小さな命をいとほしむ心に引かれて、じっと堪えて来た」（森永義一「犬のこの頃」『動物文学』第九九号、昭和二一年）

森永は人目を忍んで犬を飼い続けた。朝は人がまだ起きてこない時間に、夜は暗くなってから散歩に出た。それでも何とか飼い続けられたのは、森永の強い意志に加えて、本当は供出が少なくとも昭和一九年（一九四四年）一二月まで強制ではなかったからではなかろうか。強制ではなかったのに実質、強制になったのである。最後に出された通牒にしても、本来は行政期間内部における指針である。それが犬の飼育という私的生活の内部までに入り込んで、自由を奪ったのである。ほとんどの人がその圧力に抗えなかった。

日本犬保存会を支えてきた中心者たちも、出征や疎開などで散り散りになる。連絡手段もなく、お互いの消息もわからなくなった。秋田犬関係の重鎮であった京野兵衛右門は湯沢に疎開し、斎藤弘吉も三月の東京大空襲で収集してきた貴重な資料のほとんどを失い、京都の近衛別邸に疎開した。前述の通り、渋谷のハチ公像を制作した彫刻家の安藤照は、二度目の東京大空襲で命を落とした。日本犬保存会展覧会で最高の栄誉とされる文部大臣賞、日本犬保存会賞、東京府知事賞の三つのトロフィーは、秋田犬関係の石原勝助と長男の巌が背負って東京を脱出し、湯沢の京野宅に何とか避難させた。

◉創立時の理事、小松真一の戦争体験

一方、フィリピンではアメリカ軍が上陸し、日本犬保存会創立時の理事であった小松真一は日本軍と共にジャングルを転々としていた。小松は軍属として、ガソリンにするためのブタノールをさとうきびから製造する作業に携わっていた。最後はネグロス島で敗戦を迎えて捕虜となる。それから翌昭和二一年（一九四六年）末に帰国するまで収容所で捕虜生活を送った。そして、収容所にあってもなお暴力によってしか秩序を保てない、日本人社会の実態を目の当たりにした。

小松はその間の出来事を詳細に記録し、友人の骨壺に入れて持ち帰っている。昭和四八年（一九七三年）に脳溢血で死去した後、家族がそれを編集して私家版『虜人日記』を出版した。それを筑摩書房が出版して、昭和五〇年（一九七五年）の毎日出版文化賞を受賞。さらに山本七平がこれに目を留め、『日本はなぜ破れるのか　敗戦二一ヶ条』（角川グループパブリッシング）を書いている。敗戦二一ヶ条は小松がエンジニアとしての冷静な目で、日本敗戦の原因を分析したものである。二一ヶ条の最後に置かれたのは、「日本人には大東

亜を治める力も文化もなかった事に結論する」という一文であった。

『虜人日記』は敗戦末期のフィリピンや捕虜生活に関する貴重な記録であり、平成一六（二〇〇四年）にはちくま学芸文庫に入って版を重ねている。現在、孫の志行がネット上で「虜人日記博物館」を運営している。

昭和八年（一九三三年）、第二回日本犬保存会展覧会で日本犬保存会賞を受賞した愛犬ぜま号との日々を記録した「ぜま一代記」も、小松のスケッチと共に見ることができる。ぜま号はアイヌの酋長から譲ってもらった犬であった。

なお、ブタノール生産の命を帯びてフィリピンに渡った技術者たちの多くは、戦争末期のフィリピンを生き延びることができなかった。発狂したり行き倒れになった者もいた。小松は強運であった上、犬の調査行でも活かされた山登りの経験がものを言ったのであった。

◉戦場で与えられた究極の使命、犬の特攻隊構想

ハチを始めとする多くの写真を残した日本犬写真の第一人者、平島藤寿の家も全焼した。万一の事態に備えて自宅の地下に埋めておいたフィルムも、湿気などによってだめになってしまった。救いは事務局を引き受けていた中城龍雄が、何とか被災を免れて犬籍簿を守れたことである。

一方戦地では敗戦間際、日本の犬に究極の使命が与えられようとしていた。犬の特攻隊構想である。後に『愛犬の友』が開催した座談会（日本犬座談会　故・京野兵衛門氏を語る2」『愛犬の友』平成元年二月号）で、土佐犬（闘犬）普及会の中島凱風が、

「土佐犬のほうじゃ爆弾勇士と同じことをやった。シェパード犬を離して、それを追っかけて爆弾背負っ

た土佐犬が敵陣に向かう。それはもう終戦間際だったのね」

と言った。

その中島に、年下の岡田睦夫が、

「犬に爆弾しょわせて・・・。それは土佐犬がやるんですか」

と聞いた。

中島は、

「土佐犬は爆弾背負って、先頭切るのは軍用犬です。軍隊の。あんまり効果なかったでしょうね。兵隊にも物を食わせないで飼っておくということは、分からんと。物も食わないのに何事だと、隊内でも声があったという話しも聞きますけどね」

と言った。

この中島の発言からも、軍犬はそれなりに大切にされており、一部にはそれに対する反感もあったことが分かる。犬の特攻隊構想が出てきた背景には、そういう事情もあったのかもしれない。今となっては全て薮の中である。

供出された犬の毛皮も有効に使われたとは思えない。警察署の裏に、毛皮が山積みになっていたという証言がいくつもある。犬猫献納運動は、毛皮を供出するという当初の大義から逸脱し、愛国心を証明する踏み絵となった。それはもはや誰にも止められない圧力となって、飼い主と犬を追いつめた。多くの犬が無駄死にさせられた可能性が高い。前線でも銃後でも、文字通り犬死にしていったのである。

終章　焼け跡からの再出発

昭和二〇年（一九四五年）八月、九州で敗戦を迎えた岩佐常雄は故郷の島根に復員してきた。島根県に入ると、浜田から山陰本線に沿って自宅のある安来まで歩いていく。岩佐の自宅は線路沿いにあった。そしていよいよ自宅が近づいてきた時のこと。見ると向こうから、一頭の犬が全速力で走ってくる。

それは忘れもしない岩佐の飼い犬、山陰柴犬のコロ号であった。コロ号は長く苛烈な戦争をかろうじて生き抜き、遠くから歩いてくる飼い主を見つけて大喜びで走ってきたのである。岩佐の目から涙があふれた。岩佐常雄は日本犬保存会の前審査部長（東京支部長）、岩佐和明の父親である。岩佐はその時のことを息子に繰り返し語った。

国破れて山河あり。まさに山河しか残っていなかった昭和の戦争が終わった時、日本列島に生き残っていた犬はわずかであった。空襲と敗戦直前の焼却命令によって資料も全て焼けてしまい、供出の詳細な実態も全体像もわからないままである。すぐに役に立つ研究や未来予測しか求められない今、調査研究の対象になることもない。たかが犬の話だから、重要な研究テーマともみなされることもない。

犬という、最も身近な動物に降りかかった過酷な運命をめぐる出来事には、あの辛い時代を生きた人々の生活や息づかいが 隠れている。異常な状態に置かれた時、人間はどういう行動を取るのかという事例でもある。しかしこの史実は体験者の高齢化と共に、歴史の彼方に消えようとしている。犬猫献納運動を担ったのが普通の人々であったということも、この問題が検証されなかった理由の一つである。戦争が終わって世の中が元に戻ると、鬼のようになって犬と飼い主を追いつめた人々も、元の善良な市民に戻ったのである。

昭和二〇年（一九四五年）代の日本は長くアメリカの占領下にあった。戦犯に対する裁判は敗戦の翌年に始まったが、生きるのに必死な国民は無関心であった。そして日本国憲法が公布され、朝鮮戦争で経済復興のきっかけをつかみ、昭和二七年（一九五二年）にはサンフランシスコ講和条約に調印、再び独立国として歩み始める。

◉シェパードはいても日本犬はいない

戦争によって中断を余儀なくされた畜犬業界が復活するのには、少し時間がかかった。多くの日本人が家も仕事も、生活を支えるもの全てを失っていたからである。数百万人もの出征兵士が戻って、仕事を得て落ち着くのに数年を要したし、資料も散逸してしまっていた。何より肝心の犬がいなくなっていた。特に日本犬は「絶滅した」と新聞に書かれるほどであった。

犬界で最も早く再出発したのは、日本シェパード犬協会である。敗戦の三ヶ月後には世田谷で鑑賞会を開いている。シェパードは特に、北海道に優秀な犬が残っていた。戦争中、犬の疎開先になったからである。翌年には内田亨北大教授を中心に帝国軍用犬協会の元幹部たちが集まって、札幌で日本ケンネルクラブを創設している。北海道犬関係者も当初はここに合流した。

そもそも北海道はシェパードと縁が深かったと関係者が語っている。小樽は港であったから、昭和四、五年（一九二九、三〇年）頃に船で青島系シェパードが入ってきたのである。青島系とは、第一次大戦後に日本が手に入れた青島にいたシェパードのことである。『愛犬の友』誌上の座談会で、先駆者である林忠勝が「大阪へ入ったのが昭和四年で牝でした。それを私が昭和五年の年に頂いて養ったのが私のシェパードの始まりなんです。そして五年か六年にユートピヤ牧場に入り間もなく苫小牧にも入った」（林忠勝「北海道犬界清談」『愛犬の友』昭和二九年一〇月号）と述べている。

その後も次々に青島から船員が連れてきて飼育され、北海道から本州へ渡っていったのである。気候がドイツに似ていて、フィラリアにかかる確率が低かったこともある。北海道は敗戦間際の空襲もそれほど激しくなかったし、本州よりは食糧もあった。またシェパードは戦争中も、農家の番犬として活用され生き延びた。北海道犬保存活動の中心者、伝法貫一に学びながら北海道犬の飼育を始め、後に北海道犬協会を担った柿崎福太郎がこういう逸話を残している。教師であった柿崎が、生徒と話をしていた時のことである。

「ある日、昼食後の話し合いのひととき子供たちにこんな話をした。『みんなのうちで、先生に仔犬をくれる人はいないか』するとと子どもたちは口々に『うちにセパードの仔犬がいる。先生に上げるよ』私は『先生、耳のピンと立った尾の巻いた犬がほしいなぁ』ともちかけた。子どもたちは何だといわんばかりに、おし黙ってしまった」（柿崎福太郎「我が北海道犬史　その一」『愛犬ジャーナル』昭和五九年）。

シェパードはいたのに北海道犬が減少していた様子がよくわかる。日本犬の受けた打撃は大きかった。

◉ハチ公像、再建

廃業状態に陥っていた畜犬業界も再建に動き始めた。そんな中で大きく動いたのが、戦前から東京の業者を束ねていた坂本保である。敗戦から三年目の夏、日本畜犬合資会社を再開した。一方で坂本は日本犬にも商機を見い出し、シェパードを希望している皇太子に柴犬と秋田犬を連れていっている。皇太子が秋田犬を連れている写真は畜犬雑誌に繰り返し掲載され、日本畜犬の宣伝に貢献した。坂本はやり手で、その後も色々な場面に顔を出し、現在のＪＫＣジャパンケネルクラブを創設した。

　では日本犬保存活動はどうなったか。以前にも触れたが、ハチ公像の復活は比較的早かった。まだ多くの日本人が生きていくのに精一杯であった、昭和二三年（一九四八年）八月に再建されている。製作にあたったのは初代ハチ公を製作した安藤照の息子、安藤士《たけし》であった。斎藤は疎開していた京都から上京し、安藤士の新しいアトリエを訪ねて助言をした。参考資料は、溶解される前のハチ公像の写真と科学博物館の剥製、それに生前のハチ公の写真と計測表である。前回と違い、子どもたちから寄付を募れるような状況ではなかったので、費用は渋谷防犯協会会長や渋谷駅長、駅前商店街の人々が苦心して集めた。

◉GHQの後押し

　しかし、安藤士は密かに苦慮していた。そのことを平成二七年（二〇一五年）九月二三日に、ＮＨＫ総合テレビで放映された「歴史秘話ヒストリア」で明かしている。関係者の奔走にも関わらず、銅が足りなかったのである。敗戦後は何もかも足りなかった。日本は日中全面戦争開始以降の八年間で、何と八〇年分以上の国家歳費を使い果たし、経済は明治初期の水準にまで戻っていたのである。そこで士は決断する。父親の遺作であった大事な銅像を溶解したのである。こうして二代目のハチ公像が完成し、敗戦から丸三年目の昭和二三年（一九四八年）八月一五日に除幕式が行なわれた。占領下でもあり、アメリカ・イギリス・中国・朝鮮・日本の児童代表が幕を引き、それぞれの国の代表が各国語で祝辞を述べた。

　そのうちの一人で、ＧＨＱ法律顧問のＨ・Ｅ・ウィルデス博士は戦前、慶応大学で教鞭をとっていた。しかし対英米戦の開始で帰国を余儀なくされ、その後ハチ公像も取り外されてしまった。博士はハチ公像と自分の運命を重ね合わせて、「まことに私の運命とハチ公像の運命は似ている。もうお互いにばかばかしい戦争はしないで、平和に手を握っていこうではないか」と述べた。このハチ公像再建にはＧＨＱ連合国総司令部の意向があったと考えられる。忠犬として教科書にも載ったハチ公を、今度は平和と和解の象徴として再建したのである。ハチは再び政治に巻き込まれた。

◉在日米軍兵士が秋田犬に注目

日本犬保存活動は秋田犬の天然記念物指定から始まったが、戦後に復活の口火を切ったのも秋田犬であった。東北を占領したアメリカ軍兵士の間で人気が出て、秋田犬の大ブームが起こったのである。大型犬でありながら、洋犬にはない風情を持つところが気に入ったのではなかろうか。

それが日本人にも飛び火し、治安が悪かったこともあって秋田犬の需要が高まった。しかし秋田犬は十数頭にまで減り、絶滅の危機に瀕していた。それでも需要があるから売って儲けたいということで、ペット業者が秋田や岩手に押しかける事態になった。秋田犬らしい犬がいないのに需要はある。

そうなると何が起こるか。結局、急いで適当に交配させた犬が秋田犬として売られることになった。大正時代に秋田を席巻した洋犬のような犬が、再び登場してきた。もともと秋田には洋犬の血が抜けきれない、出羽系と呼ばれた系統があった。花岡鉱山にかくまわれて生き延びた雷電号も出羽系であった。しかしこの出羽系も、とにかく戦争を生き抜いた貴重な犬であったのである。

秋田犬保存会は昭和二三年（一九四八年）、戦後初の展覧会を開いた。翌年には六〇頭の犬が出陣され、出羽号の孫である金剛号が大人気を博している。日本犬保存会の展覧会でも全犬種トップの評価を受けた上、その直仔がまた名誉賞などの最高位を占めるなど、「金剛系にあらずんば秋田犬にあらず」と言われるほどの大ブームを巻き起こしたのである。

洋犬の血が入っていた出羽系は交配能力が高く、強い遺伝子を持ち、多くの直仔を残した。それをアメリカ軍兵士が気に入って、本国に持ち帰った。そしてさらに洋犬と交配され大型化し、現在アメリカンアキタと呼ばれる独自の系統を形成したのであった。

◉日本犬保存会、活動再開

日本犬保存会も出征していた会員が復員してきて、昭和二三年（一九四八年）四月四日、文京区西片町の資料社で再建総会が開かれ活動を再開した。会報『日本犬』も昭和二四年（一九四九年）三月に、前年度との合冊版として復活した。編集発行人は戦争中、事務局を預かった中城龍雄になっている。その復刊第一号に鏑木外岐雄会長は、こう抱負を述べている。

「戦争は日本犬並びに『日保』にとって不運であった。昭和三年（一九二八年）この方の『日保』のかがやかしい伝統も数千人の日本犬愛好家の協力にもとずく『日本犬犬籍』の登録事務も中断を余儀なくされた。多くの作出犬も喪失してしまった。しかし戦争も終わった。私たちは平和日本の建設のために、それぞれの持ち場で懸命の努力をすると共に、愛する日本犬の保存と『日保』の建設のために忙しい間の余暇を割いていこう」

また、翌年の昭和二四年（一九四九年）四月には鉄道の全国的輸送認可と共に、六年ぶりで第十二回全国展が東京で開かれるという嬉しい発表もあった。思えば昭和一八年（一九四三年）の秋、大阪の千里で第一一回本部展が開かれたのを最後に、日本犬保存会は活動休止状態に追い込まれたのであった。

この昭和二三年（一九四八年）度合冊版には、各地で開かれるようになった展覧会の様子と審査結果が掲載されている。戦争中の食糧不足と犬猫不要論、強制的供出の記憶が生々しく残っていたこの当時、日本犬が残っているのかどうかということが、関係者にとって最大の心配事であった。展覧会の開催はそれを知るためにも必要であった。

◉軍用日本犬論を振り返る

日中全面戦争から太平洋戦争を経て、時流に押されて熱病のように広まった軍用日本犬論は最後、その戦争自体によって梯子を外され消え去った。軍用犬になるどころか、天然記念物として保護を受けるはずなのに、生存すら許されなくなったのである。そういう過去を思ってのことであろうか、昭和二五年（一九五〇年）九月に出た五号の「事務所便り」には「日本犬も猟用、及び使役価値は今さら言を要しないことだが、人生には実用価値以外に精神的な役割もある」と書かれている。会員たちはこの言葉を、つくづく噛みしめたのではなかろうか。また、「口絵の写真もストックがないので掲載に一苦労である」という言葉に、改めて敗戦前の猛空襲を思い出したかもしれない。軍用日本犬論が噴出した過去については、その後も正面切って取り上げられることはなかった。本当は検証すべきであったのかもしれないが、現実問題として無理であった。何しろ日本全体が過去を忘れようとしており、東京裁判にも無関心であったのである。

帝国軍用犬協会は戦後、日本警察犬協会に衣替えした。ジャパンケネルクラブを設立した坂本保は戦前、軍用犬売買に深く関わったため、戦犯容疑がかかることを心配したが、それもうやむやになった。帝国軍用犬協会との合併に反対して日本シェパード犬協会を設立し、相馬安雄と二人で会を支えた中島基熊は、「犬界戦犯者の氏名を公表しろ」と怒った。

中島は戦争中、犬版の大東亜共栄圏構想を提唱している。その中島が犬界戦犯者の氏名を公表するよう求めたというのは、考えてみたらおかしな話である。しかし、そこに太平洋戦争の、そして近代日本の矛盾があった。その矛盾は近代日本が背負った宿命のようなもので、今日なお解決できずに尾を引いている。

◉日本犬は鑑賞犬でもある

後に審査部長になる樋口多喜男は、昭和二五年（一九五〇年）の六号（一〇月刊行）に掲載された「私の日本犬観」の中で、軍用日本犬論に言及している。樋口はまず、日本犬と狩猟とは切り離せないが、猟犬のままであったら絶滅していたかもしれない。鑑賞的価値があったからこそ、多くの人に愛されて生き残ってきたと述べる。そして次に、軍用日本犬論が実態とずれていたことを率直に語っている。樋口は言う。日本犬は、家犬としての総合的な使役能力から見れば優秀ではあるが、個々の限られた使役に対する能力という面から見る時、高度な分析によって作出された洋犬には及ばないのではないかと思っていると。

何でもかんでも日本犬が一番と言い張るのは、犬にとってかえって迷惑であろう。樋口は「私は祖先と共に三千年来生存して来た日本犬を愛するが故に、日本犬の躍進を願うが故に、日本犬は鑑賞犬であると断言したいのである。鑑賞犬として日本犬を見作出する事によってこそ今後の発展も期待されるものと信じている」と明確に書いた。戦後、指導的立場の人物がこうはっきり述べたのは、これが初めてであろう。

昭和二七年（一九五二年）四月にはサンフランシスコ講和条約が発効、日本は多くの国々との間にあった戦争状態を法的に終結させ、やっと占領下から脱して独立することができた。全権を務めた吉田茂は、調印のために訪れたサンフランシスコで、ケアーンテリアを二頭購入して帰った。吉田の犬のかかりつけ獣医は、前述の満洲に行った朝倉四男児が開いた朝倉家畜病院、現在の朝倉動物病院であった。近くにある東京都庭園美術館は旧朝香宮邸だが、戦後の一時期は総理大臣仮公邸であったからである。朝倉は吉田が不在の時には犬を預かった。

◉日本犬はどうあるべきか

講和条約が発効して占領下を脱したことに、鏑木会長も会報にこういう喜びの声を寄せている。「戦後八年にわたる長い占領期間に幸い日保、日犬、並びに日本犬は想像以上の発展向上の道を辿ることができ、今ここに講和第一年目の新年を迎えることのできたことは、全会員と共々真に悦びにたえないしだいであります。（『日本犬』昭和二八年一月）」。ここに日本犬保存活動は新しい段階に入った。

昭和の初期、日本主義の追い風の中で戦争と併走しつつ作り上げた日本犬の理想像は、今後も通用するのであろうか。昭和二九年（一九五四年）には、今までもしばしば引用してきた「日本犬を遠慮なく語る」という『愛犬の友』主催の座談会が開かれている。そこで思い出話と共に出席者が口にしたのは、「日本犬が変わってきた。古武士のような風格や覇気がなくなってきた」ということであった。この時期、山から引き出されてきた初期の名犬を知っている人々は、口々にそう述べていた。

しかし犬は、人間と共に環境に適応して生きる動物である。山奥で猟犬として活躍していた日本犬も、街に出てからは家庭生活に溶け込むようになっていた。やがて日保会員の中からも、家庭犬としての在り方を模索すべきという声が出てくる。猟犬として山中に生き残っていた日本犬の良さを生かしつつ、時代にどう適応していくべきか。関係者は熱心に議論した。

◉一番人気、柴犬に迫る危機

議論百出であった中で特に目を引くのは、斎藤弘吉が柴犬の未来について抱いた危惧である。戦争中に犬籍簿を預かり、当時日保の中心者となっていた中城龍雄が、かつて柴犬の持ち味として掲げた「小さくて、ピチピチしていて、可愛い」という特徴に、斎藤は疑問を呈した。

斎藤は「小さくて、ピチピチして、可愛い！」というなかに日本犬らしい風格は一つもないと述べている。そういう基準では、日本犬の「落ち着いた、それでいてボヤっとした狸みたいな味」は抜けてしまう。この視点と表現は絶妙である。さすが、日本犬保存活動を立ち上げた人間だけのことはある。斎藤は続けて「現在の世界の全小型犬種の中で、日本小型犬では生存能力を持ち得るかどうか。おそらくないと思う。あれだったらテリアを飼った方が良い。他の洋犬の小型の中に互して特色と魅力のあるものにしないと残っていけませんよ」と述べている。日本犬の八割を占める人気犬種、柴犬については何も心配はないと思われがちだが違う。斎藤の危惧は的中している。というのは、柴犬は今どんどんトイプードルやチワワ、ポメラニアンのような洋犬小型に近づいているからである。きっかけは豆柴の登場である。豆柴は品種ではない。商品名である。

小さく、見た目をかわいくすることによって洋犬小型が持つ愛玩性に近づけ、市場価値を上げて高く売るために生み出されたものである。これが「成功」したことによって、さらに小さくした極小豆柴、それをもっと小さくした小豆柴まで出現した。もはや日本犬どころか、犬なのか玩具なのかもわからない。しかし豆柴は価格を高く設定できるから、一部業者がテレビなどと提携して盛んに宣伝し、売っている。

それが普及して、最近は普通の柴犬を「大きい」と言う人も出てきた。日本犬の本質が置き去りにされているのである。見た目が日本犬だというだけでは危うい。もちろん日本犬らしさについては常に議論が必要で、耐えざる自己革新が求められる。日本犬標準の最初にある「本質とその表現　悍威に富み良性にして素朴の感あり」というくだりが抽象的であることは、むしろ幸いである。抽象的であるからこそ、絶えず新しい命を吹き込まなくてはならないからである。

◉グローバル化と日本らしさの追求

その後、日本は東京オリンピックを経て高度成長を謳歌し、製造業がアメリカに追いついたのも束の間。バブル崩壊、失われた三〇年と、再び困難な道を歩むことになる。日本犬もまた、それらの時代を共に生きてきた。そして今、超高齢化とグローバル化に直面する中、日本犬もまた新しい理念を積極的に示さなくてはならないであろう。

一般に、グローバル化とは「世界標準」に合わせることだとされている。しかもその中身は時としてただの英語化である。これは論外としても、グローバル化は自分が何者であるかを知ることから始まるのではないか。

自分を知らずして世界に出ていくことはできない。競争が激化してみんな似てくるからこそ、唯一無二の独自性と存在意義が必要である。斎藤が柴犬に関して行なった問題提起は、時代を先取りするものであった。日本犬は日本を強く自覚する中から生まれた、近代の産物である。そこには近代日本の物語が刻み込まれている。

保存活動に従事した飼育者たちは、苛烈な戦時下で日本犬と日本について考え抜いた。アジアで最初に西洋近代を追いかけた日本は、早い時点でみずからが内包する矛盾に気づいたのである。それが精神的葛藤につながり、日本主義が生まれた。それは西洋近代の矛盾を突く思想的可能性を秘め、日本犬保存活動の追い風となった。軍用日本犬論も、その矛盾を突き抜けようとする一つの現れであった。

日本主義は最終的に、西洋と東洋をつなぐ世界史的使命があるという「近代の超克」論に到達し、少なからぬ日本人が幻惑された。しかし、それは戦争遂行のイデオロギーとなって幻と消えた。そして戦後日本はまた西洋の模倣、特にアメリカの模倣と追従に走ったのである。戦前日本が抱え込んだ矛盾と葛藤は検証されないまま、気まずい過去と共に捨て去られた。それが経済成長をはるか以前に終えた後、いつまでも次の社会理念を生み出せない理由ではなかろうか。

◉日本ならではの飼育文化を構築

それにしてもである。昭和初期に始まった日本犬の物語は、何と多くのことを我々に教えてくれることか。それは日本犬と共に激動の時代を生きた日本人の現代史であり、汲めども尽きぬ教訓の泉でもある。日本犬のたたずまいには、日本人の琴線に触れる瞬間がある。戦時下の困難な日々にあっても、人々はそれに癒されたのであろう。だからこそ身を呈して守ろうとしたのではないか。そんな先達の苦闘を思うにつけ、愛犬と過ごす日々に幸せを感じる今日この頃である。

最後に私事で恐縮だが、筆者は駒子という名前の一一歳になる柴犬を飼っている。あと何年生きてくれるかわからないけれど、犬として、また日本犬として誇り高く生きてもらいたい。また筆者自身、そういう日本犬にふさわしい相棒でありたいと思う。

飼い犬は人間に生殺与奪の権を握られている。それは、人間にとっても最も身近な動物であり、人間生活に適応しなければ生きていけない犬の宿命である。かわいさを追求されれば、かわいい癒し系になっていくしかない。経済が市場原理で動いている限り、需要に応えなければ生存しえないからである。しかし筆者は、犬の中にある自然をできるだけ尊重したいと考える。

かわいさや癒しばかり求めていると、犬は退化してしまうのではないだろうか。かつて日本の犬は特定の主人を持たず、ある時は猟犬として山を駆け回り、町では子どもの遊び相手や番犬などをしながら、人間社会とゆるく共存して生きてきた。ある程度、自立した存在であったのである。

幕末の安政五年、日英修好通称条約締結のために来日したエルギン卿使節団の一人ローレンス・オリファントは、日本の犬について「これまで私が見たもっとも見事な街の犬と言うべきである」と記している（『エルギン卿遣日使節録』雄松堂書店）。それは動物を過剰に管理しないという、日本人の自然観が生み出した関係性であった。そういう歴史や文化を何らかの形で生かし、継承していくことはできないでろうか。

簡単ではないだろうが、模索を続けながら日本犬の本質を創造的に継承していきたい。それはそのまま、明治以来の西洋至上主義とは一線を画した、日本ならではの飼育文化を模索することになるであろう。ひいては、かつて日本が掲げた西洋とアジアとをつなぐという文化の在り方を、再び世界に発信することにつながるかもしれない。そんなささやかな願いを抱きつつ、ここに筆を置くこととする。

【著者】

川西玲子（かわにし れいこ）

文筆業。1980 年、中央大学大学院法学研究科修士課程修了。元東京学芸大学非常勤講師。執筆テーマは「生活目線の近現代史」。主要著書『歴史を知ればもっと面白い韓国映画』（ランダムハウス講談社、2006 年）、『映画が語る昭和史』（ランダムハウス講談社、2008 年）、『戦前外地の高校野球　台湾・朝鮮・満洲に花開いた球児たちの夢』（彩流社、2014 年）など。

戦時下の日本犬

2018 年 11 月 20 日　初版第 1 刷発行
著　者　川西玲子
発行者　上野教信
発行所　蒼天社出版（株式会社 蒼天社）
101-0051　東京都千代田区神田神保町 3-25-11
電話　03-6272-5911　FAX 03-6272-5912
振替口座番号　00100-3-628586
印刷・製本所　シナノパブリッシング

ISBN 978-4-4909560-23-0 Printed in Japan

悲しきアメリカ
その真の 様相

新刊

四六判並製　定価（本体 2,400 円＋税）

ミシェル・フロケ著

大井 孝・土屋 元 訳

アメリカは、自由、シリコンバレー、グーグル、フェイスブック、ウォール街、ハリウッド、機会均等の国という神話がある。一方で、フランス人ジャーナリストのミシェル・フロケが５年間の現地調査で伝えるもう一つのアメリカがある。そこでは国家予算の半分が軍事費であること、子供の４人に１人が貧困により公費の給食を受けていること、総人口比で世界最大数の受刑者がいること、毎日、全国で 30 人以上が銃火器で死亡していること、大学の授業料は年額４万ドルの高額であること、課税率は最富裕者には 15％、貧困者には 25−30％ということ、二大政党のみが支配する民主主義制度を維持して政権を分有するために両党は選挙年には 70 億ドルを使っていることなど驚くべき社会だ。本書は、新大陸発見から原住民への迫害、奴隷を使って大きくなってきたアメリカの体質を、歴史を辿りつつ、今日抱える様々な問題を赤裸々に描き出したものである。